UNA HABITACIÓN PROPIA

Austral Singular

VIRGINIA WOOLF
UNA HABITACIÓN PROPIA

Traducción
Laura Pujol

Seix Barral

Obra editada en colaboración con Editorial Planeta – Planeta

Título original: *A room of one's own*
The Hogarth Press Ltd., Londres

Virginia Woolf
© 1929, Quentin Bell y Angelica Garnett
© Traducción: Laura Pujol

© 1967, 2016, Editorial Planeta, S. A. – Barcelona, España

Derechos reservados

© 2021, Editorial Planeta Mexicana, S.A. de C.V.
Bajo el sello editorial AUSTRAL M.R.
Avenida Presidente Masarik núm. 111,
Piso 2, Polanco V Sección, Miguel Hidalgo
C.P. 11560, Ciudad de México
www.planetadelibros.com.mx

Diseño de la colección: Austral / Área Editorial Grupo Planeta
Ilustración de portada: Shutterstock

Primera edición impresa en España en Austral: febrero de 2016
ISBN: 978-84-322-2282-5

Primera edición impresa en México en Austral en tapa dura: octubre de 2021
ISBN: 978-607-07-8125-4

No se permite la reproducción total o parcial de este libro ni su incorporación a un sistema informático, ni su transmisión en cualquier forma o por cualquier medio, sea este electrónico, mecánico, por fotocopia, por grabación u otros métodos, sin el permiso previo y por escrito de los titulares del *copyright*.

La infracción de los derechos mencionados puede ser constitutiva de delito contra la propiedad intelectual (Arts. 229 y siguientes de la Ley Federal de Derechos de Autor y Arts. 424 y siguientes del Código Penal).

Si necesita fotocopiar o escanear algún fragmento de esta obra diríjase al CeMPro (Centro Mexicano de Protección y Fomento de los Derechos de Autor, http://www.cempro.org.mx).

Impreso en los talleres de Litográfica Ingramex, S.A. de C.V.
Centeno núm. 162-1, colonia Granjas Esmeralda, Ciudad de México
Impreso en México –*Printed in Mexico*

Biografía

Virginia Woolf (Londres, 1882 – Lewes, Sussex, 1941) es uno de los mayores exponentes de la literatura del siglo XX. Hija del conocido hombre de letras sir Leslie Stephen, a su formación intelectual contribuyó en gran medida el ambiente familiar. Al morir su padre, Virginia y su hermana Vanessa dejan el elegante barrio de Kensington y se trasladan al de Bloomsbury, más modesto y algo bohemio, que ha dado nombre al brillante grupo formado alrededor de las hermanas Stephen. En 1912, Virginia se casó con el economista Leonard S. Woolf, y juntos fundaron Hogarth Press, que desempeñó un importante papel en la literatura inglesa de entreguerras. Tras sus primeras novelas, la autora quiso romper con los cánones tradicionales y se situó con *El cuarto de Jacob* (1922) en la corriente del monólogo interior y del fluir de la conciencia. A ésta siguieron obras cada vez más ambiciosas como *La señora Dalloway* (1925), *Al faro* (1927), *Orlando* (1928), *Las olas* (1931) o *Los años* (1937), con las que se consagró como una de las figuras más representativas de la novelística inglesa experimental. Aterrada por la idea de la locura, que al parecer unos posibles síntomas le hicieron presentir, el 28 de marzo de 1941, Virginia Woolf se suicidó ahogándose en el río Ouse.

Ensayo acerca de feminismo

La encuentro en el hotel de mujeres

Vivos Solo
o con familiar

UNA HABITACIÓN PROPIA*

* Este ensayo está basado en dos conferencias dadas en octubre de 1928 en la Sociedad Literaria de Newham y la Odtaa de Girton. Los textos eran demasiado largos para ser leídos en su totalidad y posteriormente fueron alterados y ampliados.

CAPÍTULO 1

Pero, me diréis, le hemos pedido que nos hable de las mujeres y la novela. ¿Qué tiene esto que ver con una habitación propia? Intentaré explicarme. Cuando me pedisteis que hablara de las mujeres y la novela, me senté a orillas de un río y me puse a pensar qué significarían esas palabras. Quizás implicaban sencillamente unas cuantas observaciones sobre Fanny Burney; algunas más sobre Jane Austen; un tributo a las Brontë y un esbozo de la rectoría de Haworth bajo la nieve; algunas agudezas, de ser posible, sobre Miss Mitford; una alusión respetuosa a George Eliot; una referencia a Mrs. Gaskell y esto habría bastado. Pero, pensándolo mejor, estas palabras no me parecieron tan sencillas. El título las mujeres y la novela quizá significaba, y quizás era éste el sentido que le dabais, las mujeres y su modo de ser; o las mujeres y las novelas que escriben; o las mujeres y las fantasías que se han escrito sobre ellas; o quizás estos tres sentidos estaban inextricablemente unidos y así es como queríais que yo enfocara el tema. Pero cuando me puse a enfocarlo de este modo, que me pareció el más interesante, pronto me di cuenta de que esto presentaba un grave inconveniente. Nunca podría llegar a una conclusión. Nunca podría cumplir con lo que, tengo entendido, es el deber primordial de un conferenciante: entregaros tras un discurso de una hora una pepita de verdad pura para que la guardarais entre las hojas de vuestros cuadernos de apuntes y la conservarais para siempre en la repisa de la chimenea. Cuanto podía ofreceros era una opinión sobre un punto sin demasiada importancia: que una mujer debe tener dinero y una habitación propia para poder escribir novelas; y esto, como veis, deja sin resolver el gran problema de la verdadera naturaleza de la mujer y la verdadera naturaleza de la novela. He faltado a mi deber de llegar a una conclusión acerca de estas dos cuestiones; las mujeres y la novela siguen siendo, en lo que a mí respecta, problemas sin resolver. Mas para compensar un poco esta falta, voy a tratar de mostraros cómo he llegado a esta opinión sobre la habitación y el dinero. Voy a exponer en vuestra presencia, tan completa y libremente como pueda, la sucesión de pensamientos que me llevaron a esta idea. Quizá si muestro al desnudo las ideas, los prejuicios que se esconden tras esta afirmación, encontraréis que algunos tienen alguna relación con las mujeres y otros con la novela. De todos modos, cuando un tema se presta mucho a controversia —y cualquier cuestión relativa a los sexos es de este tipo— uno no puede esperar decir la verdad. Sólo puede explicar cómo llegó a profesar tal o cual opinión. Cuanto puede hacer es dar a su auditorio la oportunidad de sacar sus propias conclusiones observando las limitaciones, los prejuicios, las idiosincrasias del conferenciante. Es probable que en este caso la fantasía contenga más verdad que el hecho. Os propongo, por tanto, haciendo uso de todas las libertades y licencias de una novelista, contaros la historia de los dos días que han precedido a esta conferencia; contaros cómo, abrumada por el peso del tema que habíais colocado sobre mis hombros, lo he meditado e incorporado a mi vida cotidiana. Huelga decir que cuanto voy a describir carece de existencia; Oxbridge es una invención; lo mismo Fernham; «yo» no es más que un término práctico que se refiere a alguien sin existencia real. Manarán mentiras de mis labios, pero quizás un poco de verdad se halle mezclada entre ellas; os corresponde a vosotras buscar esta verdad y decidir si algún trozo merece conservarse. Si no, la echáis entera a la papelera, naturalmente, y os olvidáis de todo esto.

Me hallaba yo, pues (llamadme Mary Beton, Mary Seton, Mary Carmichael o cualquier nombre que os guste, no tiene la menor importancia), sentada a orillas de un río, hará cosa de una o dos semanas, un bello día de octubre, perdida en mis pensamientos. Este collar que me habíais atado, las mujeres y la novela, la necesidad de llegar a una conclusión sobre una cuestión que levanta toda clase de prejuicios y pasiones, me hacía bajar la cabeza. A derecha e izquierda, unos arbustos de no sé qué, dorados y carmesíes, ardían con el color, hasta parecían despedir el calor del fuego. En la otra orilla, los sauces sollozaban en una lamentación perpetua, el cabello desparramado sobre los hombros. El río reflejaba lo que le placía de cielo, puente y arbusto ardiente y cuando el estudiante en su bote de remos hubo cruzado los reflejos, volviéronse a cerrar tras él, completamente, como si nunca hubiera existido. Uno hubiera podido permanecer allí sentado horas y horas, perdido en sus pensamientos. El pensamiento —para darle un nombre más noble del que merecía— había hundido su caña en el río. Oscilaba, minuto tras minuto, de aquí para allá, entre los reflejos y las hierbas, subiendo y bajando con el agua, hasta —ya conocéis el pequeño tirón— la súbita conglomeración de una idea en la punta de la caña; y luego el prudente tirar de ella y el tenderla cuidadosamente en la hierba. Pero, tendido en la hierba, qué pequeño, qué insignificante parecía este pensamiento mío; la clase de pez que un buen pescador vuelve a meter en el agua para que engorde y algún día valga la pena cocinarlo y comerlo. No os molestaré ahora con este pensamiento, aunque, si observáis con cuidado, quizá lo descubráis vosotras mismas entre todo lo que voy a decir.

Pero, por pequeño que fuera, no dejaba de tener la misteriosa propiedad característica de su especie: devuelto a la mente, en seguida se volvió muy emocionante e importante; y al brincar y caer, y chispear de un lado a otro, levantaba tales remolinos y tal tumulto de ideas que era imposible permanecer sentado. Así fue cómo me encontré andando con extrema rapidez por un cuadro de hierba. Irguióse en el acto la silueta de un hombre para interceptarme el paso. Y al principio no comprendí que las gesticulaciones de un objeto de aspecto curioso, vestido de chaqué y camisa de etiqueta, iban dirigidas a mí. Su cara expresaba horror e indignación. El instinto, más que la razón, acudió en mi ayuda:

era un bedel; yo era una mujer. Esto era el césped; allí estaba el sendero. Sólo los «fellows» y los «scholars»[1] pueden pisar el césped; la grava era el lugar que me correspondía. Estos pensamientos fueron obra de un momento. Al volver yo al sendero, cayeron los brazos del bedel, su rostro recuperó su serenidad usual y, aunque el césped es más agradable al pie que la grava, el daño ocasionado no era mucho. El único cargo que pude levantar contra los «fellows» y los «scholars» de aquel colegio, fuera cual fuere, es que en su afán de proteger su césped, regularmente apisonado desde hace trescientos años, habían asustado mi pececillo.

Qué idea fue la causa de tan audaz violación de propiedad, ahora no puedo acordarme. El espíritu de la paz descendió como una nube de los cielos, porque si el espíritu de la paz mora en alguna parte es en los patios y céspedes de Oxbridge en una bella mañana de octubre. Paseando despacio por aquellos colegios, por delante de aquellas salas antiguas, la aspereza del presente parecía suavizarse, desaparecer; el cuerpo parecía contenido en un milagroso armario de cristal que no dejara penetrar ningún sonido, y la mente, liberada de todo contacto con los hechos (a menos que uno volviera a pisar el césped), se hallaba disponible para cualquier meditación que estuviera en armonía con el momento. Por una de esas cosas, me acordé de un antiguo ensayo sobre una visita a Oxbridge durante las vacaciones de verano y

---

1. *Fellow*: título de ciertos miembros particularmente destacados del profesorado de un colegio universitario. *Scholar*: estudiante que por sus méritos ha recibido una beca especial de la universidad.

esto me hizo pensar en Charles Lamb. (San Carlos, dijo Thackeray, poniendo una carta de Lamb sobre su frente.) En efecto, de todos los muertos (os cuento mis pensamientos tal como me vinieron), Lamb es uno de los que me son más afines; alguien a quien me hubiera gustado decir: «Cuénteme, pues, ¿cómo escribió usted sus ensayos?» Porque sus ensayos son superiores aún, pese a la perfección de éstos, a los de Max Beerbohm, pensé, por ese relampagueo de la imaginación desatada, ese fulgurante estallido del genio que los marca, dejándolos defectuosos, imperfectos, pero constelados de poesía. Lamb vino a Oxbridge hará cosa de cien años. Escribió, estoy segura, un ensayo —no caigo en su nombre— sobre el manuscrito de uno de los poemas de Milton que vio aquí. Era *Licidas* quizás, y Lamb escribió cuánto le chocaba la idea de que una sola palabra de *Licidas* hubiera podido ser distinta de lo que es. Imaginar a Milton cambiando palabras de aquel poema le parecía una especie de sacrilegio. Esto me hizo tratar de recordar cuanto pude de *Licidas* y me entretuve haciendo conjeturas sobre qué palabras habría Milton cambiado y por qué. Se me ocurrió entonces que el mismísimo manuscrito que Lamb había mirado se encontraba sólo a unos cientos de yardas, de modo que se podían seguir los pasos de Lamb por el patio hasta la famosa biblioteca que encierra el tesoro. Además, recordé, poniendo el plan en ejecución, también es en esta famosa biblioteca donde se preserva el manuscrito del *Esmond* de Thackeray. Los críticos a menudo dicen que *Esmond* es la novela más perfecta de Thackeray. Pero la afectación del estilo, que imita el del siglo XVIII, estorba, me parece recordar; a menos que el estilo del siglo XVIII le fuera natural a Thackeray, cosa que se podría comprobar examinando el manuscrito y viendo si las alteraciones son de estilo o de sentido. Pero entonces uno tendría que decidir qué es estilo y qué es significado, cuestión que... Pero me encontraba ya ante la puerta que conduce a la biblioteca misma. Sin duda la abrí, pues instantáneamente surgió, como un ángel guardián, cortándome el paso con un revoloteo de ropajes negros en lugar de alas blancas, un caballero disgustado, plateado, amable, que en voz queda sintió comunicarme, haciéndome señal de retroceder, que no se admite a las señoras en la biblioteca más que acompañadas de un «fellow» o provistas de una carta de presentación.

Que una famosa biblioteca haya sido maldecida por una mujer es algo que deja del todo indiferente a una famosa biblioteca. Venerable y tranquila, con todos sus tesoros encerrados a salvo en su seno, duerme con satisfacción y así dormirá, si de mí depende, para siempre. Nunca volveré a despertar estos ecos, nunca solicitaré de nuevo esta hospitalidad, me juré bajando furiosa las escaleras. Me quedaba todavía una hora hasta el almuerzo. ¿Qué podía hacer? ¿Pasear por las praderas? ¿Sentarme junto al río? Era realmente una mañana de otoño preciosa; las hojas caían, rojas, lentas, hasta el suelo; ni una cosa ni otra hubiera sido un gran sacrificio. Pero alcanzó mi oído el sonido de la música. Se estaba llevando a cabo algún servicio o celebración. El órgano se quejó con magnificencia cuando crucé el umbral de la capilla. Hasta la tristeza del cristianismo sonaba en aquel aire sereno más como el recuerdo de la tristeza que como verdadera tristeza; hasta los lamentos del órgano antiguo parecían bañados de paz. No sentía deseos de entrar, aun en el supuesto de que tuviera el derecho de hacerlo, y esta vez quizá me hubiera detenido el pertiguero para exigirme la fe de bautismo o una carta de presentación del deán. Pero el exterior de estos magníficos edificios es a menudo tan hermoso como su interior. Además, ya era una diversión ver a los fieles reunirse, entrar y volver a salir, afanarse en la puerta de la capilla como abejas en la boca de una colmena. Muchos llevaban birrete y toga; otros unos trozos de piel en los hombros; algunos entraban en cochecillos de inválido; otros, aunque apenas de edad madura, parecían arrugados y aplastados en formas tan singulares como los cangrejos de mar y de río que se arrastran dificultosamente por la arena de los acuarios. Me apoyé en la pared, diciéndome que la Universidad era un santuario donde se preservaban tipos extraños que no tardarían en pasar a la Historia si se les dejaba en la acera del Strand para que lucharan por la existencia. Acudieron a mi mente viejas historias de viejos decanos y viejos profesores, pero antes de que reuniera bastante valor para silbar —solían decir que al oír un silbido un viejo catedrático echaba inmediatamente a galopar— la venerable asamblea desapareció dentro de la capilla. Su exterior estaba intacto. Como sabéis, de noche pueden verse, iluminados y visibles desde millas y millas de distancia por encima de los montes, sus altos domos y pináculos, siempre viajando y nunca llegando a puerto, como barco en la mar. Antiguamente, supongo, también este patio, con sus lisos céspedes y sus edificios macizos, era, y lo mismo la capilla, un pantano, donde ondulaba la hierba y escarbaban los cerdos. Grupos de caballos y bueyes, pensé, debían de haber arrastrado la piedra en carretas desde lejanos condados y luego, con infinito esfuerzo, habíanse posado en orden, uno encima de otro, los bloques grises a cuya sombra me encontraba en aquel momento, y luego los pintores habían traído sus vidrieras para las ventanas y los albañiles se habían afanado durante siglos en el tejado con masilla y cemento, palas y paletas. Cada sábado, el oro y la plata debían de haber manado de un monedero de cuero y llenado sus puños antiguos, pues sin duda aquella noche no les faltaba su cerveza ni su partida de bolos. Un arroyo inacabable de oro y plata, pensé, debía de haber fluido a perpetuidad hasta aquel patio para que las piedras no dejaran de llegar ni los albañiles de trabajar; para allanar, zanjar, cavar, secar. Pero era la edad de la fe y el dinero manó con liberalidad para dar a estas piedras profundos cimientos, y cuando las piedras se hubieron erigido, siguió manando el dinero de los cofres de los reyes, las reinas y los grandes nobles para que allí pudieran cantarse himnos y se pudiera instruir a los «scholars». Se concedieron tierras, se pagaron diezmos. Y cuando terminó la edad de la fe y llegó la edad de la razón, siguieron fluyendo el oro y la plata; se crearon becas, se fundaron cátedras con recursos provistos por dotaciones; sólo que el oro y la plata no fluían ahora de los cofres del rey, sino de las arcas de los mercaderes y los fabricantes, de los bolsillos de hombres que habían hecho dinero, por ejemplo, en la industria y devolvían en sus testamentos una generosa porción para financiar más cátedras, más auxiliarías, más becas en la Universidad donde habían aprendido su oficio. De ahí salieron las bibliotecas y los laboratorios; de ahí los observatorios; el espléndido equipo de instrumentos caros y delicados que reposan en estantes de cristal en ese lugar donde hace siglos ondulaba la hierba y escarbaban los cerdos. Di la vuelta al patio y los cimientos de oro y plata me parecieron desde luego lo bastante profundos y el pavimento sólidamente colocado sobre las hierbas silvestres. Hombres con bandejas sobre la cabeza iban muy atareados de una escalera a otra. Ostentosas flores crecían en las ventanas. De las habitaciones interiores llegaba el estridente sonido del gramófono. No se podía dejar de pensar... La reflexión, fuera cual fuere, quedó interrumpida. Sonó el reloj. Era hora de dirigirse al comedor.

Hecho curioso, los novelistas suelen hacernos creer que los almuerzos son memorables, invariablemente, por algo muy agudo que alguien ha dicho o algo muy sensato que se ha hecho. Raramente se molestan en decir palabra de lo que se ha comido. Forma parte de la convención novelística no mencionar la sopa, el salmón ni los patos, como si la sopa, el salmón y los patos no tuvieran la menor importancia, como si nadie fumara nunca un cigarro o bebiera un vaso de vino. Voy a tomarme, sin embargo, la libertad de desafiar esta convención y de deciros que aquel día el almuerzo empezó con lenguados, servidos en fuente honda y sobre los que el cocinero del colegio había extendido una colcha de crema blanquísima, pero marcada aquí y allá, como los flancos de una gama, de manchas pardas. Luego vinieron las perdices, pero si esto os hace pensar en un par de pájaros pelados y marrones en un plato os equivocáis. Las perdices, numerosas y variadas, llegaron con todo su séquito de salsas y ensaladas, la picante y la dulce; sus patatas, delgadas como monedas, pero no tan duras; sus coles de Bruselas, con tantas hojas como los capullos de rosa, pero más suculentas. Y en cuanto hubimos terminado con el asado y su séquito, el hombre silencioso que nos servía, quizás el mismo bedel en una manifestación más moderada, colocó ante nosotros, rodeada de una guirnalda de servilletas, una composición que se elevaba, azúcar toda, de las olas. Llamarla pudín y relacionarla así con el arroz y la tapioca[2] sería un insulto. Entretanto, los vasos de vino habían tomado una coloración amarilla, luego un rubor carmesí; habían sido vaciados; habían sido llenados. Y así, gradualmente, se encendió, a media espina dorsal, que es la sede del alma, no esta dura lucecita eléctrica que llamamos brillantez, que centellea y se apaga sobre nuestros labios, sino este resplandor más profundo, sutil y subterráneo que es la rica llama amarilla de la comunión racional. No es necesario apresurarse. No es necesario brillar. No es necesario ser nadie más que uno mismo. Todos iremos al paraíso y Van Dyck se halla con nosotros: en otras palabras, qué agradable le parecía a uno la vida, qué dulces sus recompensas, qué trivial este rencor o aquella queja, qué admirable la amistad y la compañía de la gente de su propia especie mientras encendía un

---

2. Alusión a uno de los postres ingleses más corrientes y modestos.

buen cigarrillo y se hundía en los cojines de un sillón junto a la ventana.

Si por suerte hubiera habido un cenicero a mano, si a falta de él uno no hubiera tenido que echar la ceniza por la ventana, sin duda no hubiera visto un gato sin cola. La visión de aquel animal abrupto y truncado cruzando suavemente el patio con su andar acolchado cambió para mí, por una carambola de la inteligencia subconsciente, la luz emocional. Era como si alguien hubiera dejado caer una sombra. Quizás el excelente vino del Rin estaba aflojando su presa. Lo cierto es que, viendo al gato detenerse en medio del césped como si también él se interrogara sobre el universo, me pareció que faltaba algo, que algo era diferente. Pero ¿qué faltaba?, ¿qué era lo que era diferente?, me pregunté a mí misma, escuchando la conversación. Y para contestar aquella pregunta, tuve que imaginarme a mí misma fuera de aquella habitación, de nuevo en el pasado, antes de la guerra, y colocar ante mis ojos la imagen de otro almuerzo celebrado en habitaciones no muy distantes de aquéllas, pero diferentes. Todo era diferente. Mientras tanto, iban charlando los huéspedes, que eran numerosos y jóvenes, unos de un sexo, otros del otro; la charla fluía como el agua, agradable, libre, divertida. Y detrás de ésta charla coloqué entonces la otra, como un telón de fondo, y, comparando las dos, no me cupo duda de que la una era la descendiente, la heredera legítima de la otra. Nada había cambiado; nada era diferente, salvo... Aquí escuché con toda atención, no exactamente lo que se estaba diciendo, sino el murmullo, la corriente que fluía detrás de las palabras. Sí, era eso, allí estaba el cambio. Antes de la guerra, en un almuerzo como éste, la gente hubiera dicho exactamente las mismas cosas, pero hubieran sonado distintas, porque en aquellos días las acompañaba una especie de canturreo, no articulado, sino musical, emocionante, que cambiaba el valor mismo de las palabras. ¿Hubiera podido ponerle letra a aquel canturreo? Quizá con ayuda de los poetas. Había un libro a mi lado y al abrirlo me encontré con que, por casualidad, era de Tennyson. Y he aquí que Tennyson cantaba:

> *There has fallen a splendid tear*
> *From the passion-flower at the gate.*
> *She is coming, my dove, my dear;*
> *She is coming, my life, my fate;*
> *The red rose cries, «She is near, she is near»;*
> *And the white rose weeps, «She is late»;*
> *The larkspur listens, «I hear, I hear»;*
> *And the lily whispers, «I wait».*[3]

¿Era esto lo que los hombres canturreaban en los almuerzos antes de la guerra? ¿Y las mujeres?

> *My heart is like a singing bird*
> *Whose nest is in a water'd shoot;*
> *My heart is like an apple tree*

---

[3]. Ha caído una espléndida lágrima de la pasionaria que crece junto a la verja. Está en camino, mi paloma, mi amor; está en camino, mi vida, mi destino. La rosa roja llora: «Cerca está, cerca está»; y la rosa blanca solloza: «Llega tarde»; la espuela de caballero escucha: «Oigo, oigo»; y la azucena murmura: «Espero.»

Whose boughs are bent with thick-set fruit;
My heart is like a rainbow shell
That paddles in a halcyon sea;
My heart is gladder than all these
Because my love is come to me.[4]

¿Era esto lo que las mujeres canturreaban en los almuerzos antes de la guerra? Resultaba tan absurdo imaginar a alguien canturreando estas cosas, aun por lo bajo, en los almuerzos de antes de la guerra que me eché a reír y tuve que explicar mi risa señalando el gato, que efectivamente tenía un aire un poco absurdo, pobre bicho, sin cola, en medio del césped. ¿Había nacido así o habría perdido su cola en un accidente? El gato sin cola, aunque dicen que hay algunos en la isla de Man, es un animal más raro de lo que suele creerse. Es un animal extraño, más pintoresco que hermoso. Es curioso lo que le cambia a uno una cola. Ya sabéis la clase de cosas que se dicen hacia el final de un almuerzo, cuando la gente anda en busca de sus abrigos y sombreros.

Éste, gracias a la hospitalidad del anfitrión, había durado hasta avanzada la tarde. El hermoso día de octubre se iba desvaneciendo y las hojas caían de los árboles cubriendo la avenida por la que yo andaba. Una tras otra, las verjas parecían cerrarse detrás de mí con suave finalidad. Innumerables bedeles iban introducien-

---

4. Mi corazón es como un pájaro que canta, cuyo nido se halla sobre un brote rociado; mi corazón es como un manzano cuyos brazos están cargados de frutos apiñados; mi corazón es como una cáscara de arco iris que chapotea en una mar serena; mi corazón es más feliz que todos ellos porque mi amor ha venido a mí.

do innumerables llaves en cerraduras bien engrasadas; se estaba resguardando la casa del tesoro para una noche más. Al final de la avenida se llega a una calle —no recuerdo su nombre— que conduce, si se tuerce donde se debe, hasta Fernham. Pero me sobraba tiempo. La cena no era hasta las siete y media. Uno casi hubiera podido pasarse de cenar después de aquel almuerzo. Es curioso cómo una pizca de poesía obra en la mente y hace mover las piernas a su ritmo por la calle. Estas palabras

> *There has fallen a splendid tear*
> *From the passion-tree at the gate.*
> *She is coming, my dove, my dear*

cantaban en mi sangre mientras andaba a paso rápido hacia Headingley. Y luego, cambiando de compás, canté, en ese lugar donde las aguas espumean al pie de la presa:

> *My heart is like a singing bird*
> *Whose nest is in a water'd shoot;*
> *My heart is like an apple tree...*

¡Qué poetas!, grité en voz alta, como suele hacerse en el atardecer. ¡Qué poetas eran!

Con una especie de celos por nuestros tiempos, supongo, por tontas y absurdas que sean estas comparaciones, me puse a pensar si, honradamente, se podía nombrar a dos poetas vivientes tan grandes como Tennyson y Christina Rossetti lo habían sido en su tiempo. Evidentemente, era imposible compararles, pensé mirando aquellas aguas espumosas. Si esta poesía incita a tal abandono, provoca en uno tal transporte, es sólo porque celebra un sentimiento que uno solía experimentar (en los almuerzos de antes de la guerra quizá), de modo que se reacciona fácilmente, familiarmente, sin molestarse en analizar el sentimiento o compararlo con alguno de los actuales. Pero los poetas vivientes expresan un sentimiento en formación, que está siendo arrancado de nosotros en este momento. Primero uno no lo reconoce; a menudo, por algún motivo, lo teme; lo observa con atención y lo compara celosamente, con desconfianza, con el viejo sentimiento que le era familiar. De ahí la dificultad de la poesía moderna; y es esta dificultad lo que le impide a uno recordar más de dos versos seguidos de ningún buen poeta moderno. Por este motivo —que me falló la memoria— la argumentación quedó colgando por falta de material. Pero ¿por qué hemos dejado de canturrear por lo bajo en los almuerzos?, proseguí, caminando hacia Headingley. ¿Por qué ha cesado Alfred de cantar

She is coming, my dove, my dear?

¿Por qué ha cesado Christina de contestar

My heart is gladder than all these
Because my love is come to me?

¿Echaremos las culpas a la guerra? Cuando se dispararon las armas en agosto de 1914, ¿se encontraron los hombres y las mujeres tan feos los unos a los otros que murió la fantasía? Sin duda fue un duro golpe (sobre todo para las mujeres, con sus ilusiones sobre la educación y demás) ver las caras de nuestros gobernantes al resplandor de los bombardeos. Parecían tan feas —alemanas, inglesas, francesas—, tan estúpidas... Pero, sea de quien fuere la culpa, échese a quien se quiera, la ilusión que inspiró a Tennyson y Christina Rossetti y les hizo cantar tan apasionadamente la venida de sus amores es ahora menos frecuente que entonces. Basta leer, mirar, escuchar, recordar. Pero ¿por qué decir «culpa»? Si era una ilusión, ¿por qué no celebrar la catástrofe, fuese cual fuese, que destruyó la ilusión y puso la verdad en su lugar? Porque, la verdad... Estos puntos suspensivos marcan el momento en que, en busca de la verdad, olvidé torcer hacia Fernham. Sí, éste era el problema: ¿qué era la verdad y qué era la ilusión?, me pregunté. ¿Cuál era la verdad sobre aquellas casas, por ejemplo, oscuras y festivas con sus ventanas rojas al atardecer, pero crudas, y rojas, y escuálidas, con sus dulces y sus cordones de bota, a las nueve de la mañana? Y los sauces, y el río, y los jardines que bajaban en pendiente hasta el río, vagos ahora, con la neblina que se deslizaba por encima de ellos, pero dorados y rojos a la luz del sol, ¿cuál era la verdad sobre ellos?, ¿cuál era la ilusión? Os ahorraré las vueltas y revueltas de mis cogitaciones, pues no llegué a ninguna conclusión yendo hacia Headingley, y os pido que supongáis que pronto advertí mi error de dirección y volví atrás para corregirlo.

Puesto que he dicho ya que era un día de octubre, no me atrevo a arriesgar vuestro respeto y poner en peligro la límpida fama de la novela cambiando de estación y describiendo lilas colgando por encima de las paredes de los jardines, azafranes, tulipanes y otras flores de primavera. La obra de imaginación debe atenerse a los hechos y cuanto más ciertos los hechos, mejor la obra de imaginación. Eso dicen, por lo menos. Seguía, pues, siendo otoño y las hojas seguían siendo amarillas y cayendo, si acaso un poco más aprisa que antes, porque atardecía (eran las siete y veintitrés, para ser exactos) y se había levantado una brisa (del Sudoeste, para ser exactos). A pesar de todo, algo extraño ocurría.

My heart is like a singing bird
Whose nest is in a water'd shoot;
My heart is like an apple tree
Whose boughs are bent with thick-set fruit.

Quizá las palabras de Christina Rossetti eran en parte responsables de aquella loca ilusión —no era, claro está, más que una ilusión— de que las lilas sacudían sus flores por encima de las paredes de los jardines, y las mariposas de azufre se deslizaban de aquí para allá, y había polvo de polen en el aire. Soplaba un viento, de qué dirección no lo sé, pero levantaba las hojas medio crecidas y había en el aire un centelleo gris plata. Era la hora entre dos luces en que los colores se intensifican y los púrpuras y los dorados arden en los cristales de las ventanas como el latido de un corazón excitable; en que, por algún motivo, la belleza del mundo, revelada y, sin embargo, a punto de perecer (en este momento me metí en el jardín, pues una mano imprudente había dejado la puerta abierta y no andaba ningún bedel por allí), la belleza del mundo que tan pronto perecerá tiene dos filos, uno de risa, otro de angustia, partiendo el corazón en dos. Los jardines de Fernham se extendían ante mí en el crepúsculo primaveral, silvestres y abiertos, y los narcisos y las campanillas salpicaban la alta hierba, cuidadosamente desparramados, no muy ordenados quizás en sus días mejores, agitados ahora por el viento, tirando de sus raíces. Las ventanas del edificio se encorvaban como las de un barco entre generosas olas de ladrillo rojo, mudando del limón al plateado al paso de las rápidas nubes de primavera. Había alguien en una hamaca, alguien, pero en aquella luz todo eran fantasmas, medio adivinados, medio visibles, que huían por la hierba —¿no iba alguien a detenerla?— y luego apareció en la terraza, quizá para respirar el aire, para echar una mirada al jardín, una silueta encorvada, impresionante y, sin embargo, humilde, con una ancha frente y un vestido raído. ¿Sería quizá la famosa erudita J... H... en persona? Todo era sombrío y, sin embargo, intenso, como si el pañuelo que el atardecer había echado sobre el jardín lo hubiera rasgado en dos una estrella o una espada —el relámpago de una realidad terrible que estalla, como ocurre siempre, en el corazón de la primavera. Porque la juventud...

Aquí estaba mi sopa. Estaban sirviendo la cena en el gran comedor. Lejos de ser primavera, era en realidad una noche de octubre. Todo el mundo estaba reunido en el gran comedor. La cena estaba lista. Aquí estaba mi sopa. Era un simple caldo de carne. Nada en ella que inspirara la fantasía. A través del líquido transparente hubiera podido verse cualquier dibujo que hubiera tenido la vajilla. Pero la vajilla no tenía dibujo. El plato era liso. Luego trajeron carne de vaca con su acompañamiento de verdura y patatas, trinidad casera que evocaba ancas de ganado en un mercado fangoso y pequeñas coles rizadas con bordes amarillentos, y regateos y rebajas, y mujeres con redes de comprar un lunes por la mañana. No había motivo para quejarse de la comida cotidiana del género humano, puesto que la cantidad era suficiente y sin duda alguna los mineros tenían que contentarse con menos. Siguieron ciruelas en almíbar con flan. Y si alguien objeta que las ciruelas, aun mitigadas por el flan, son una legumbre ingrata (fruta no lo son), llenas de hilos como el corazón de un avaro, y que rezuman un líquido como el que sin duda corre por las venas de los avaros que durante ochenta años se han privado de vino y calor y, sin embargo, no han dado nada a los pobres, debe pensar que hay gente cuya caridad alcanza hasta la ciruela. Sirvieron luego galletas y queso y circuló con liberalidad el jarro del agua, pues las galletas son secas por naturaleza y éstas eran galletas hasta lo más hondo de su ser. Eso fue todo. La cena había terminado. Todo el mundo se levantó arrastrando su silla; la puerta de golpe osciló violentamente hacia adelante y hacia atrás; pronto se hizo desaparecer del comedor todo rastro de comida y, sin duda, se lo dispuso para el desayuno de la mañana siguiente. Por los corredores y las escaleras se fue la juventud inglesa, dando portazos y cantando. ¿Correspondía a un huésped, a una extraña (pues no tenía más derecho de estar allí en Fernham que en Trinity, Somerville, Girton, Newham o Christchurch) decir: «La cena no era buena» o decir (nos hallábamos ahora, Mary Seton y yo, en su salita):

«¿No hubiéramos podido cenar aquí a solas?» Decir algo así hubiera sido fisgonear y tratar de enterarse de las economías secretas de aquella casa, que ante un extraño presenta una cara tan agradable de buen humor y coraje. No, no se podía decir nada por el estilo. Y la conversación, por un momento, languideció. La constitución humana siendo lo que es, corazón, cuerpo y cerebro mezclados, y no contenidos en compartimentos separados como sin duda será el caso dentro de otro millón de años, una buena cena es muy importante para una buena charla. No se puede pensar bien, amar bien, dormir bien, si no se ha cenado bien. La lámpara de la espina dorsal no se enciende con carne de vaca y ciruelas pasas. Todos iremos *probablemente* al Cielo y Van Dyck se halla, *confiamos*, entre nosotros, esperándonos a la vuelta de la esquina. Éste es el estado de ánimo dudoso y crítico que la carne de vaca y las ciruelas pasas, tras un día de trabajo, engendran juntas. Felizmente, mi amiga, que era profesora de ciencias, guardaba en un armario una botella rechoncha y unos vasitos —(pero hubiéramos tenido que empezar con lenguado y perdices)— de modo que pudimos acercarnos al fuego y reparar algunos de los daños del día. Al cabo de un minuto más o menos, nos deslizábamos fácilmente por entre todos estos objetos de curiosidad e interés que se forman en la mente durante la ausencia de una persona determinada y que se discuten naturalmente al volverla a ver: que si fulano se ha casado, zutano no; fulano piensa esto, mengano lo otro; el uno ha mejorado increíblemente, el otro, por extraordinario que parezca, se ha echado a perder. Y pasamos luego a estas especulaciones sobre la naturaleza humana y el carácter del mundo sorprendente en que vivimos que son la consecuencia natural de estos comienzos. Mientras decíamos estas cosas, sin embargo, fui dándome cuenta tímidamente de que una corriente surgida por su propia voluntad iba arrastrando la conversación hacia un fin determinado. Por más que habláramos de España o Portugal, de un libro o una carrera de caballos, el interés real de la conversación no era ninguna de estas cosas, sino una escena de albañiles que transcurría en un tejado alto unos cinco siglos atrás. Reyes y nobles traían tesoros en enormes sacos y los vaciaban en la tierra. Una y otra vez esta escena cobraba vida en mi mente y se colocaba junto a otra en que figuraban unas vacas delgadas y un mercado fangoso, y verduras pasadas, y corazones fibrosos de ancianos. Estas dos imágenes, aunque descoyuntadas, sin conexión y absurdas, no cesaban de encontrarse y de combatirse y me tenían por completo a su merced. Lo mejor, para que no se deformara toda la conversación, era exponer al aire lo que tenía en la mente y con un poco de suerte se marchitaría y se convertiría en polvo como la cabeza del difunto rey cuando habían abierto su ataúd en Windsor. Brevemente, pues, le hablé a Miss Seton de los albañiles que habían estado trabajando todos aquellos años en el tejado de la capilla y de los reyes, reinas y nobles cargados de oro y plata que echaban a paladas en la tierra; y le conté que más tarde habían venido los grandes magnates de nuestro tiempo y habían enterrado cheques y obligaciones donde los otros habían enterrado lingotes y toscos pedazos de oro. Todo esto se halla enterrado debajo de los colegios de la otra parte de la ciudad, dije, pero debajo del colegio en que nos encontramos ahora, ¿qué hay debajo de sus valientes ladrillos rojos y de la hierba sin cuidar de sus jardines? ¿Qué fuerza se esconde tras la vajilla sencilla en que hemos cenado y (esto se me escapó antes de que pudiera impedirlo) tras la carne de vaca, el flan y las ciruelas pasas?

Hacia el año 1860, dijo Mary Seton... Oh, pero ya conoces la historia, dijo, aburrida, supongo, del recital. Y me contó que habían alquilado habitaciones. Habían reunido comités. Habían escrito sobres. Habían redactado circulares. Habían celebrado reuniones; habían leído cartas; fulano prometía tanto; en cambio el señor Tal no quería dar ni un penique. La *Saturday Review* había sido muy descortés. ¿Cómo recaudar fondos para unas oficinas? ¿Organizaríamos una tómbola? ¿No podríamos encontrar a una chica bonita que se sentara en la primera fila? Miremos qué dice John Stuart Mill de la cuestión. ¿Podría alguien persuadir al director de... de que publique una carta? ¿Quizá Lady... accedería a firmarla? Lady... está fuera de la ciudad. Así es como se hacían las cosas hace sesenta años; era un esfuerzo prodigioso que costaba horas y horas. Y fue sólo tras una larga lucha y las peores dificultades que lograron reunir treinta mil libras.[5] Salta pues a la vista, dijo Mary, que

5. «Nos dicen que deberíamos pedir cuando menos treinta mil libras... No es una gran suma, teniendo en cuenta que no va a haber más que un colegio de este tipo para toda la Gran Bretaña, Irlanda y las Colonias y lo fácil que resulta recaudar inmensas sumas para escuelas de varones. Pero si se considera que son poquísimos quienes desean que se instruya a las mujeres, es una buena cantidad.» Lady Stephen, *Emily Davies and Girton College*.

no tenemos para vino ni perdices, ni criados que nos lleven las bandejas encima de la cabeza. No podemos tener sofás ni habitaciones individuales. «Las amenidades, dijo citando un pasaje de algún libro, tendrán que esperar.»[6]

Pensando en todas estas mujeres que habían trabajado año tras año y encontrado difícil reunir dos mil libras y no habían logrado recaudar, como gran máximo, más que treinta mil, prorrumpimos en ironías sobre la pobreza represible de nuestro sexo. ¿Qué habían estado haciendo nuestras madres para no tener bienes que dejarnos? ¿Empolvarse la nariz? ¿Mirar los escaparates? ¿Lucirse al sol en Montecarlo? Había unas fotografías en la repisa de la chimenea. La madre de Mary —si es que la fotografía era de ella— quizás había sido una juerguista en sus horas libres (su marido, un ministro de la Iglesia, le había dado trece hijos), pero en tal caso su vida alegre y disipada había dejado muy pocas huellas de placer en su cara. Era una persona corriente: una vieja señora con un chal de cuadros abrochado con un gran camafeo; estaba sentada en una silla de paja e invitaba a un sabueso a mirar hacia la máquina, con la mirada divertida y, sin embargo, cansada de alguien que sabe por seguro que el perro se moverá en cuanto se haya disparado la bombilla. Ahora bien, si hubiera montado un negocio, si se hubiera convertido en fabricante de seda o magnate de la Bolsa, si hubiera dejado

---

6. Cada penique que logró ahorrarse se guardó para las obras de construcción y tuvieron que dejarse para más tarde las amenidades. R. Strachey, *The Cause*.

dos o trescientas mil libras a Fernham, aquella noche hubiéramos podido estar sentadas confortablemente y el tema de nuestra charla quizás hubiera sido arqueología, botánica, antropología, física, la naturaleza del átomo, matemáticas, astronomía, relatividad o geografía. Si por fortuna Mrs. Seton y su madre y la madre de ésta hubieran aprendido el gran arte de hacer dinero y hubieran dejado su dinero, como sus padres y sus abuelos antes que éstos, para fundar cátedras y auxiliarías, y premios, y becas apropiadas para el uso de su propio sexo, quizás hubiéramos cenado muy aceptablemente allí arriba un ave y una botellita de vino; quizás hubiéramos esperado, sin una confianza exagerada, disfrutar una vida agradable y honorable transcurrida al amparo de una de las profesiones generosamente financiadas. Quizás en aquel momento hubiéramos estado explorando o escribiendo, vagando por los lugares venerables de la tierra, sentadas en contemplación en los peldaños del Partenón o yendo a una oficina a las diez y volviendo cómodamente a las cuatro y media para escribir un poco de poesía. Ahora bien, si Mrs. Seton y las mujeres como ella se hubieran metido en negocios a la edad de quince años, Mary —éste era el punto flaco del argumento— no hubiera existido. ¿Qué pensaba Mary de esto?, pregunté. Allí entre las cortinas estaba la noche de octubre, con una estrella o dos enganchada en los árboles amarillentos. ¿Estaba Mary dispuesta a renunciar a la parte que de aquella noche le correspondía y al recuerdo (porque habían sido una familia feliz, aunque numerosa) de los juegos y las peleas allá en Escocia, lugar que nunca cesaba de alabar por lo agradable de su aire y la calidad de sus pasteles, para que de un plumazo le hubieran llovido a Fernham cincuenta mil libras? Porque financiar un colegio requeriría la supresión total de las familias. Hacer una fortuna y tener trece hijos, ningún ser humano hubiera podido aguantarlo. Considérense los hechos, dijimos. Primero hay nueve meses antes del nacimiento del niño. Luego nace el niño. Luego se pasan tres o cuatro meses amamantando al niño. Una vez amamantado el niño, se pasan unos cinco años cuando menos jugando con él. No se puede, según parece, dejar corretear a los niños por las calles. Gente que les ha visto vagar en Rusia como pequeños salvajes dice que es un espectáculo poco grato. La gente también dice que la naturaleza humana cobra su forma entre el año y los cinco años. Si Mrs. Seton hubiera estado ocupada haciendo dinero, dije, ¿dónde estaría tu recuerdo de los juegos y las peleas? ¿Qué sabrías de Escocia, y de su aire agradable, y de sus pasteles, y de todo el resto? Pero es inútil hacerte estas preguntas, porque nunca habrías existido. Y también es inútil preguntar qué hubiera ocurrido si Mrs. Seton y su madre y la madre de ésta hubieran amasado grandes riquezas y las hubieran enterrado debajo de los cimientos del colegio y de su biblioteca, porque, en primer lugar, no podían ganar dinero y, en segundo, de haber podido, la ley les denegaba el derecho de poseer el dinero que hubieran ganado. Hace sólo cuarenta y ocho años que Mrs. Seton posee un solo penique propio. Porque en todos los siglos anteriores su dinero hubiera sido propiedad de su marido, consideración que quizás había contribuido a mantener a Mrs. Seton y a sus madres alejadas de la Bolsa. Cada penique

que gane, dijéronse, me será quitado y utilizado según las sabias decisiones de mi marido, quizá para fundar una beca o financiar una auxiliaría en Balliol o Kings,[7] de modo que no me interesa demasiado ganar dinero. Mejor que mi marido se encargue de ello.

De todos modos, fuera o no la culpa de la vieja señora del sabueso, no cabía duda de que, por algún motivo, nuestras madres habían administrado sumamente mal sus asuntos. Ni un penique para dedicar a «amenidades»: a perdices y vino, bedeles y céspedes, libros y cigarros puros, bibliotecas y pasatiempos. Levantar paredes desnudas de la desnuda tierra es cuanto habían sabido hacer.

Así hablábamos, de pie junto a la ventana, mirando, como tantos millares miran cada noche, los domos y las torres de la famosa ciudad extendida a nuestros pies. Yacía muy hermosa, muy misteriosa bajo el claro de luna otoñal. Las viejas piedras parecían muy blancas y venerables. Uno pensaba en todos los libros juntados allá abajo, en los cuadros de viejos prelados y hombres famosos que colgaban en las habitaciones artesonadas, en las ventanas pintadas que sin duda proyectaban extraños globos y medias lunas en las aceras; en las fuentes y la hierba; y en las habitaciones tranquilas que daban a los patios tranquilos. Y (perdóneseme el pensamiento) pensé también en el admirable fumar y la bebida, y los hondos sillones, y las alfombras agradables; en la urbanidad, la genialidad, la dignidad, que son hijas del lujo, del recogimiento y del espacio. Desde luego nuestras

---

7. Colegios universitarios de varones.

madres no nos habían proporcionado nada por el estilo, nuestras madres que se habían visto negras para reunir treinta mil libras, nuestras madres que habían dado trece hijos a ministros de la Iglesia de St. Andrews.

Así es que volví a mi fonda y, andando por las calles oscuras, medité sobre esto y aquello como suele hacerse tras un día de trabajo. Medité sobre por qué motivo Mrs. Seton no había tenido dinero para dejarnos; y sobre el efecto de la pobreza en la mente; y pensé en los extraños ancianos que había visto por la mañana con trocitos de pieles sobre los hombros; y me acordé de que si se silbaba uno de ellos echaba a correr; y pensé en el órgano que bramaba en la capilla y en las puertas cerradas de la biblioteca; y pensé en lo desagradable que era que le dejaran a uno fuera; y pensé que quizás era peor que le encerraran a uno dentro; y tras pensar en la seguridad y la prosperidad de que disfrutaba un sexo y la pobreza y la inseguridad que achacaban al otro y en el efecto en la mente del escritor de la tradición y la falta de tradición, pensé finalmente que iba siendo hora de arrollar la piel arrugada del día, con sus razonamientos y sus impresiones, su cólera y su risa, y de echarla en el seto. Un millar de estrellas relampagueaban por los desiertos azules del cielo. Se sentía uno solo en medio de una sociedad inescrutable. Todos los humanos yacían dormidos: echados, horizontales, mudos. En las calles de Oxbridge nadie parecía moverse. Hasta la puerta del hotel se abrió por obra de una mano invisible; ni un mozo sentado allí esperando para encenderme las luces. Tan tarde era.

CAPÍTULO 2

El escenario, si tenéis la amabilidad de seguirme, ahora había cambiado. Las hojas seguían cayendo, pero ahora en Londres, no en Oxbridge; y os pido que imaginéis una habitación como millares de otras, con una ventana que daba, por encima de los sombreros de la gente, los camiones y los coches, a otras ventanas, y encima de la mesa de la habitación una hoja de papel en blanco, que llevaba el encabezamiento LAS MUJERES Y LA NOVELA escrito en grandes letras, pero nada más. La continuación inevitable de aquel almuerzo y aquella cena en Oxbridge parecía ser, desafortunadamente, una visita al British Museum. Debía colar cuanto había de personal y accidental en todas aquellas impresiones y llegar al fluido puro, al óleo esencial de la verdad. Porque aquella visita a Oxbridge, y el almuerzo, y la cena habían levantado un torbellino de preguntas. ¿Por qué los hombres bebían vino y las mujeres agua? ¿Por qué era un sexo tan próspero y el otro tan pobre? ¿Qué efecto tiene la pobreza sobre la novela? ¿Qué condiciones son necesarias a la creación de obras de arte? Un millar de preguntas se insinuaban a la vez. Pero necesitaba respuestas, no preguntas; y las respuestas sólo podían encontrarse consultando a los que saben y no tienen prejuicios, a los que se han elevado por encima de las peleas verbales y la confusión del cuerpo y han publicado el resultado de sus razonamientos e investigaciones en libros que ahora se encuentran en el British Museum. Si no se puede encontrar la verdad en los estantes del British Museum, ¿dónde, me pregunté tomando un cuaderno de apuntes y un lápiz, está la verdad?

Así provista, con esta confianza y esta ansia de saber, me fui en busca de la verdad. El día, aunque no llovía exactamente, era lóbrego y en las calles de las cercanías del British Museum las bocas de las carboneras estaban abiertas y por ellas iba cayendo una lluvia de sacos; coches de cuatro ruedas se arrimaban a la acera y depositaban unas cajas atadas con cordeles que contenían, supongo, toda la ropa de alguna familia suiza o italiana que buscaba fortuna o refugio, o algún otro provecho interesante que puede encontrarse en invierno en las casas de huéspedes de Bloomsbury. Como de costumbre, hombres con voz ronca recorrían las calles empujando carretones de plantas. Algunos gritaban, otros cantaban. Londres era como un taller. Londres era como una máquina. A todos nos empujaban hacia adelante y hacia atrás sobre esta base lisa para formar un dibujo. El British Museum era un departamento más de la fábrica. Las puertas de golpe se abrían y cerraban y allí se quedaba uno en pie bajo el vasto domo, como si hubiera sido un pensamiento en aquella enorme frente calva que tan magníficamente ciñe una guirnalda de nombres famosos. Se dirigía uno al mostrador, tomaba una hoja de papel, abría un volumen del catálogo y..... Los cinco puntos suspensivos indican cinco minutos separados de estupefacción, sorpresa y asombro. ¿Tenéis alguna noción de cuántos libros se escriben al año sobre las mujeres? ¿Tenéis alguna noción de cuántos están escritos por hombres? ¿Os dais cuenta de que sois quizás el animal más discutido del universo? Yo había venido equipada con cuaderno y lápiz para pasarme la mañana leyendo, pensando que al final de la mañana habría transferido la verdad a mi cuaderno. Pero tendría yo que ser un rebaño de elefantes y una selva llena de arañas, pensé recurriendo desesperadamente a los animales que tienen fama de vivir más años y tener más ojos, para llegar a leer todo esto. Necesitaría garras de acero y pico de bronce para penetrar esta cáscara. ¿Cómo voy a llegar nunca hasta los granos de verdad enterrados en esta masa de papel?, me pregunté, y me puse a recorrer con desesperación la larga lista de títulos. Hasta los títulos de los libros me hacían reflexionar. Era lógico que la sexualidad y su naturaleza atrajera a médicos y biólogos; pero lo sorprendente y difícil de explicar es que la sexualidad —es decir, las mujeres— también atrae a agradables ensayistas, novelistas de pluma ligera, muchachos que han hecho una licencia, hombres que no han hecho ninguna licencia, hombres sin más calificación aparente que la de no ser mujeres. Algunos de estos libros eran, superficialmente, frívolos y chistosos; pero, muchos, en cambio, eran serios y proféticos, morales y exhortadores. Bastaba leer los títulos para imaginar a innumerables maestros de escuela, innumerables clérigos subidos a sus tarimas y púlpitos y hablando con una locuacidad que excedía de mucho la hora usualmente otorgada a discursos sobre este tema. Era un fenómeno extrañísimo y en apariencia —llegada a este punto consulté la letra H— limitado al sexo masculino. Las mujeres no escriben libros sobre los hombres, hecho que no pude evitar acoger con alivio, porque si hubiera tenido que leer primero todo lo que los hombres han escrito sobre las mujeres, luego todo lo que las mujeres hubieran escrito sobre los hombres, el áleo que florece una vez cada cien años hubiera florecido dos veces antes de que yo pudiera empezar a escribir. Así es que, haciendo una selección perfectamente arbitraria de una docena de libros, envié mis hojitas de papel a la cesta de alambre y aguardé en mi asiento, entre los demás buscadores del óleo esencial de la verdad. ¿Cuál podía ser pues el motivo de tan curiosa disparidad?, me pregunté, dibujando ruedas de carro en las hojitas de papel provistas por el pagador de impuestos inglés para otros fines. ¿Por qué atraen las mujeres mucho más el interés de los hombres que los hombres el de las mujeres? Parecía un hecho muy curioso y mi mente se entretuvo tratando de imaginar la vida de los hombres que se pasaban el tiempo escribiendo libros sobre las mujeres; ¿eran viejos o jóvenes?, ¿casados o solteros?, ¿tenían la nariz roja o una joroba en la espalda? De todos modos, halagaba, vagamente, saberse el objeto de semejante atención, mientras no estuviera enteramente dispensada por cojos e inválidos. Así fui reflexionando hasta que todos estos frívolos pensamientos se vieron interrumpidos por una avalancha de libros que cayó encima del mostrador enfrente de mí. Ahí empezaron mis dificultades. El estudiante que ha aprendido en Oxbridge a investigar sabe, no cabe duda, cómo conducir como buen pastor su pregunta, haciéndole evitar todas las distracciones, hasta que se mete en su respuesta como un cordero en su redil. El estudiante que tenía al lado, por ejemplo, que copiaba asiduamente fragmentos de un manual científico, extraía, estaba segura, pepitas de mineral puro cada diez minutos más o menos. Así lo indicaban sus pequeños gruñidos de satisfacción. Pero si, por desgracia, no se tiene una formación universitaria, la pregunta, lejos de ser conducida a su redil, brinca de un lado a otro, desordenadamente, como un rebaño asustado perseguido por toda una jauría. Catedráticos, maestros de escuela, sociólogos, sacerdotes, novelistas, ensayistas, periodistas, hombres sin más calificación que la de no ser mujeres persiguieron mi simple y única pregunta —¿por qué son pobres las mujeres?— hasta que se hubo convertido en cincuenta preguntas; hasta que las cincuenta preguntas se precipitaron alocadamente en la corriente y ésta se las llevó. Había garabateado notas en cada hoja de mi cuaderno. Para mostrar mi estado mental, voy a leeros unas cuantas; encabezaba cada página el sencillo título LAS MUJERES Y LA POBREZA escrito en mayúsculas, pero lo que seguía venía a ser algo así:

Condición en la Edad Media de,
Hábitos de .... de las Islas Fidji,
Adoradas como diosas por,
Sentido moral más débil de,

Idealismo de,

Mayor rectitud de,

Habitantes de las islas del Sur, edad de la pubertad entre,

Atractivo de,

Ofrecidas en sacrificio a,

Tamaño pequeño del cerebro de,

Subconsciente más profundo de,

Menos pelo en el cuerpo de,

Inferioridad mental, moral y física de,

Amor a los niños de,

Vida más larga de,

Músculos más débiles de,

Fuerza afectiva de,

Vanidad de,

Formación superior de,

Opinión de Shakespeare sobre,

Opinión de Lord Birkenhead sobre,

Opinión del Deán Inge sobre,

Opinión de La Bruyère sobre,

Opinión del Dr. Johnson sobre,

Opinión de Mr. Oscar Browning sobre,

Aquí tomé aliento y añadí en el margen: ¿Por qué dice Samuel Butler: «Los hombres sensatos nunca dicen lo que piensan de las mujeres»? Los hombres sensatos nunca hablan de otra cosa, por lo visto. Pero, proseguí, reclinándome en mi asiento y mirando el vasto domo donde yo era un pensamiento único, pero acosado ahora por todos lados, lo triste es que todos los hombres sensatos no opinan lo mismo de las mujeres. Dice Pope:

> La mayoría de las mujeres carecen de carácter.

Y dice La Bruyère:

> Les femmes sont extrêmes; elles sont meilleures ou pires que les hommes.

Una contradicción directa entre dos observadores atentos que eran contemporáneos. ¿Se las puede educar o no? Napoleón pensaba que no. El doctor Johnson pensaba lo contrario.[1] ¿Tienen alma o no la tienen? Algunos salvajes dicen que no tienen ninguna. Otros, al contrario, mantienen que las mujeres son medio divinas y las adoran por este motivo.[2] Algunos sabios sostienen que su inteligencia es más superficial; otros que su conciencia es más profunda. Goethe las honró; Mussolini las desprecia. Mirara uno donde mirara, los hombres pensaban sobre las mujeres y sus pensamientos diferían. Era imposible sacar nada en claro de todo aquello, decidí, echando una mirada de envidia al lector vecino, que hacía limpios resúmenes, a menudo encabezados por una A, una B o una C, en tanto que por mi cuaderno se amotinaban locos garabateos de observaciones contra-

---

1. «"Los hombres saben que no pueden competir con las mujeres y por tanto escogen a las más débiles o las más ignorantes. Si no pensaran así no temerían que las mujeres llegasen a saber tanto como ellos..." En justicia al sexo débil, la honradez más elemental me hace manifestar que, en una conversación posterior, me dijo que había hablado en serio.» Boswell, *The Journal of a Tour to the Hebrides*.

2. «Los antiguos germanos creían que había algo sagrado en las mujeres y por este motivo las consultaban como oráculos.» Fraser, *Golden Bough*.

dictorias. Era penoso, era asombroso, era humillante. Se me había escurrido la verdad por entre los dedos. Se había escapado hasta la última gota.

De ningún modo me podía ir a casa y pretender hacer una contribución seria al estudio de las mujeres y la novela escribiendo que las mujeres tienen menos pelo en el cuerpo que los hombres o que la edad de la pubertad entre las habitantes de las islas del Sur es los nueve años. ¿O era los noventa? Hasta mi letra, en su confusión, se había vuelto indescifrable. Era una vergüenza no tener nada más sólido o respetable que decir tras una mañana de trabajo. Y si no podía encontrar la verdad sobre M (así es como, para abreviar, había dado en llamarla) en el pasado, ¿por qué molestarme en indagar sobre M en el futuro? Parecía una pérdida total de tiempo consultar a todos aquellos caballeros especializados en el estudio de la mujer y de su efecto sobre lo que sea —la política, los niños, los sueldos, la moralidad— por numerosos y entendidos que fueran. Mejor dejar sus libros cerrados.

Pero mientras meditaba, había ido haciendo, en mi apatía, mi desesperación, un dibujo en la parte de hoja donde, como mi vecino, hubiera debido estar escribiendo una conclusión. Había dibujado una cara, una silueta. Eran la cara y la silueta del Profesor Von X entretenido en escribir su obra monumental titulada *La inferioridad mental, moral y física del sexo femenino*. No era, en mi dibujo, un hombre que hubiera atraído a las mujeres. Era corpulento; tenía una gran mandíbula y, para contrarrestar, ojos muy pequeños; tenía la cara muy roja. Su expresión sugería que trabajaba bajo el efecto de una emoción que le hacía clavar la pluma en el papel, como si hubiera estado aplastando un insecto nocivo mientras escribía; pero cuando lo hubo matado todavía no se dio por satisfecho; tuvo que seguir matándolo; y aun así parecía quedarle algún motivo de cólera e irritación. ¿Se trataba quizá de su mujer?, me pregunté mirando el dibujo. ¿Estaría enamorada de un oficial de caballería? ¿Era el oficial de caballería delgado y elegante e iba vestido de astracán? ¿Acaso se había burlado del profesor cuando se hallaba en la cuna, pensé adoptando la teoría freudiana, alguna chica bonita? Porque ni en la cuna podía haber sido el profesor un niño atractivo. Fuese cual fuese el motivo, el profesor aparecía en mi dibujo muy encolerizado y muy feo, ocupado en escribir su gran obra sobre la inferioridad mental, moral y física de las mujeres. Hacer dibujitos era un modo ocioso de terminar una mañana de trabajo infructuosa. Sin embargo, es a veces en nuestro ocio, nuestros sueños, cuando la verdad sumergida sube a la superficie. Un esfuerzo psicológico muy elemental, al que no puedo dar el digno nombre de psicoanálisis, me mostró, mirando mi cuaderno, que el dibujo del profesor era obra de la cólera. La cólera me había arrebatado el lápiz mientras soñaba. Pero ¿qué hacía allí la cólera? Interés, confusión, diversión, aburrimiento, todas estas emociones se habían ido sucediendo durante el transcurso de la mañana, las podía recordar y nombrar. ¿Acaso la cólera, la serpiente negra, se había estado escondiendo entre ellas? Sí, decía el dibujo, así había sido. Me indicaba sin lugar a dudas el libro exacto, la frase exacta que había hostigado al demonio: era la afirmación del profesor sobre la inferioridad mental, moral y física de las mujeres. Mi corazón había dado un brinco. Mis mejillas habían ardido. Me había ruborizado de cólera. No había nada de particularmente sorprendente en esta reacción, por tonta que fuera. A una no le gusta que le digan que es inferior por naturaleza a un hombrecito —miré al estudiante que estaba a mi lado— que respira ruidosamente, usa corbata de nudo fijo y lleva quince días sin afeitarse. Una tiene sus locas vanidades. Es la naturaleza humana, medité, y me puse a dibujar ruedas de carro y círculos sobre la cara del encolerizado profesor, hasta que pareció un arbusto ardiendo o un cometa llameante, en todo caso una imagen sin apariencia o significado humano. Ahora el profesor no era más que un haz de leña que ardía en la cima de Hampstead Heath. Pronto estuvo explicada y eliminada mi propia cólera; pero quedó la curiosidad. ¿Cómo explicar la cólera de los profesores? ¿Por qué estaban furiosos? Porque cuando me puse a analizar la impresión que me habían dejado aquellos libros, me pareció presente en todos un elemento de acaloramiento. Este acaloramiento tomaba formas muy diversas; se expresaba en sátira, en sentimiento, en curiosidad, en reprobación. Pero a menudo había presente otro elemento, que no pude identificar inmediatamente. Cólera, lo llamé. Pero era una cólera que se había hecho subterránea y se había mezclado con toda clase de otras emociones. A juzgar por sus extraños efectos, era una cólera disfrazada y compleja, no una cólera simple y declarada.

Por algún motivo, todos aquellos libros, pensé pasando revista en la pila que había en el mostrador, no me servían. Carecían de valor científico, quiero decir, aunque desde el punto de vista humano rebosaban cultura, interés, aburrimiento y relataban hechos la mar de curiosos sobre los hábitos de las habitantes de las Islas Fidji. Habían sido escritos a la luz roja de la emoción, no bajo la luz blanca de la verdad. Por tanto debía devolverlos al mostrador central y cada uno debía ser restituido a la celdilla que le correspondía en el enorme panal. Cuanto había rescatado de aquella mañana de trabajo era aquel hecho de la cólera. Los profesores —hacía con todos ellos un solo paquete— estaban furiosos. Pero ¿por qué?, me pregunté después de devolver los libros. ¿Por qué?, repetí en pie bajo la columnata, entre las palomas y las canoas prehistóricas. ¿Por qué están furiosos? Y haciéndome esta pregunta me fui despacio en busca de un sitio donde almorzar. ¿Cuál es la verdadera naturaleza de lo que llamo de momento su cólera? Tenía allí un rompecabezas que tardaría en resolver el rato que tardan en servirle a uno en un pequeño restaurante de las cercanías del British Museum. El cliente anterior había dejado en una silla la edición del mediodía del periódico de la noche y, mientras esperaba que me sirvieran, me puse a leer distraídamente los titulares. Un renglón de letras muy grandes iba de una punta a otra de página. Alguien había alcanzado una puntuación muy alta en Sudáfrica. Titulares menores anunciaban que Sir Austen Chamberlain se hallaba en Ginebra. Se había encontrado en una bodega un hacha de cortar carne con cabello humano pegado. El juez X... había comentado en el Tribunal de Divorcios la desvergüenza de las Mujeres. Desparramadas por el periódico había otras noticias. Habían descendido a una actriz de cine desde lo alto de un pico de California y la habían suspendido en el aire. Iba a haber niebla. Ni el más fugaz visitante de este planeta que cogiera el periódico, pensé, podría dejar de ver, aun con este testimonio desperdigado, que Inglaterra se hallaba bajo un patriarcado. Nadie en sus cinco sentidos podría dejar de detectar la dominación del profesor. Suyos eran el poder, el dinero y la influencia. Era el propietario del periódico, y su director, y su subdirector. Era el ministro de Asuntos Exteriores y el juez. Era el jugador de criquet; era el propietario de los caballos de carreras y de los yates. Era el director de la compañía que paga el doscientos por ciento a sus accionistas. Dejaba millones a sociedades caritativas y colegios que él mismo dirigía. Era él quien suspendía en el aire a la actriz de cine. Él decidiría si el cabello pegado al hacha era humano; él absolvería o condenaría al asesino, él le colgaría o le dejaría en libertad. Exceptuando la niebla, parecía controlarlo todo. Y, sin embargo, estaba furioso. Me había indicado que estaba furioso el signo siguiente: al leer lo que escribía sobre las mujeres, yo no había pensado en lo que decía, sino en él personalmente. Cuando un razonador razona desapasionadamente, piensa sólo en su razonamiento y el lector no puede por menos de pensar también en el razonamiento. Si el profesor hubiera escrito sobre las mujeres de modo desapasionado, si se hubiera valido de pruebas irrefutables para establecer su razonamiento y no hubiera dado la menor señal de desear que el resultado fuera éste de preferencia a aquél, tampoco el lector se hubiera sentido furioso. Hubiera aceptado el hecho, como uno acepta el hecho de que los guisantes son verdes o los canarios amarillos. Así sea, hubiera dicho yo. Pero me había sentido furiosa porque él estaba furioso. Y, sin embargo, parecía absurdo, pensé hojeando el periódico de la noche, que un hombre con semejante poder estuviese furioso. ¿O acaso la cólera, me pregunté, es el duendecillo familiar, el ayudante del poder? Los ricos, por ejemplo, a menudo están furiosos porque sospechan que los pobres quieren apoderarse de sus riquezas. Los profesores o patriarcas, para darles un nombre más exacto, quizás estén en parte furiosos por este motivo; pero en parte lo están por otro, que se advierte en la superficie pero de modo menos evidente. Posiblemente, no estaban «furiosos» en absoluto; sin duda, más de uno era en sus relaciones privadas un hombre capaz de admiración, leal, ejemplar. Posiblemente, cuando el profesor insistía con demasiado énfasis sobre la inferioridad de las mujeres, no era la inferioridad de éstas lo que le preocupaba, sino su propia superioridad. Era esto lo que protegía un tanto acaloradamente y con demasiada insistencia, porque para él era una joya del precio más incalculable. Para ambos sexos —y los miré pasar por la acera dándose codazos— la vida es ardua, difícil, una lucha perpetua. Requiere un coraje y una fuerza de gigante. Más que nada, viviendo como vivimos de la ilusión, quizá lo más importante para nosotros sea la confianza en nosotros mismos. Sin esta confianza somos como bebés en la cuna. Y ¿cómo engendrar lo más de prisa posible esta cualidad imponderable y no obstante tan valiosa? Pensando que los demás son inferiores a nosotros. Creyendo que tenemos sobre la demás gente una superioridad innata, ya sea la riqueza, el rango, una nariz recta o un retrato de un abuelo pintado por Rommey, porque no tienen fin los patéticos recursos de la imaginación humana. De ahí la enorme importancia que tiene para un patriarca, que debe conquistar, que debe gobernar, el creer que un gran número de personas, la mitad de la especie humana, son por naturaleza inferiores a él. Debe de ser, en realidad, una de las fuentes más importantes de su poder. Pero apliquemos la luz de esta observación a la vida real, pensé. ¿Ayuda acaso a resolver algunos de estos rompecabezas psicológicos que uno anota en el margen de la vida cotidiana? ¿Explica el asombro que sentí el otro día cuando Z, el más humano, más modesto de los hombres, al coger un libro de Rebecca West y leer un pasaje, exclamó: «¡Esta feminista acabada...! ¡Dice que los hombres son esnobs!»? Esta exclamación que me había sorprendido tanto —¿por qué era Miss West una feminista acabada por el simple hecho de hacer una observación posiblemente correcta, aunque poco halagadora, sobre el otro sexo?— no era el mero grito de la vanidad herida; era una protesta contra una violación del derecho de Z de creer en sí mismo. Durante todos estos siglos, las mujeres han sido espejos dotados del mágico y delicioso poder de reflejar una silueta del hombre de tamaño doble del natural. Sin este poder, la tierra sin duda seguiría siendo pantano y selva. Las glorias de todas nuestras guerras serían desconocidas. Todavía estaríamos grabando la silueta de ciervos en los restos de huesos de cordero y trocando pedernales por pieles de cordero o cualquier adorno sencillo que sedujera nuestro gusto poco sofisticado. Los Superhombres y Dedos del Destino nunca habrían existido. El Zar y el Káiser nunca hubieran llevado coronas o las hubieran perdido. Sea cual fuere su uso en las sociedades civilizadas, los espejos son imprescindibles para toda acción violenta o heroica. Por eso, tanto Napoleón como Mussolini insisten tan marcadamente en la inferioridad de las mujeres, ya que si ellas no fueran inferiores, ellos cesarían de agrandarse. Así queda en parte explicado que a menudo las mujeres sean imprescindibles a los hombres. Y también así se entiende mejor por qué a los hombres les intranquilizan tanto las críticas de las mujeres; por qué las mujeres no les pueden decir este libro es malo, este cuadro es flojo o lo que sea sin causar mucho más dolor y provocar mucha más cólera de los que causaría y provocaría un hombre que hiciera la misma crítica. Porque si ellas se ponen a decir la verdad, la imagen del espejo se encoge; la robustez del hombre ante la vida disminuye. ¿Cómo va a emitir juicios, civilizar indígenas, hacer leyes, escribir libros, vestirse de etiqueta y hacer discursos en los banquetes si a la hora del desayuno y de la cena no puede verse a sí mismo por lo menos de tamaño doble de lo que es? Así meditaba yo, desmigajando mi pan y revolviendo el café, y mirando de vez en cuando a la gente que pasaba por la calle. La imagen del espejo tiene una importancia suprema, porque carga la vitalidad, estimula el sistema nervioso. Suprimidla y puede que el hombre muera, como el adicto a las drogas privado de cocaína. La mitad de las personas que pasan por la acera, pensé mirando por la ventana, se van a trabajar bajo el sortilegio de esta ilusión. Se ponen el sombrero y el abrigo por la mañana bajo sus agradables rayos. Empiezan el día llenas de confianza, fortalecidas, creyendo su presencia deseada en la merienda de Miss Smith; se dicen a sí mismas al entrar en la habitación: «Soy superior a la mitad de la gente que está aquí.» Y así se explica sin duda que hablen con esta confianza, esta seguridad en sí mismas que han tenido consecuencias tan profundas en la vida pública y dado origen a tan curiosas notas en el margen de la mente privada.

Pero estas contribuciones al tema peligroso y fascinante de la psicología del otro sexo —tema que estudiaréis, espero, cuando contéis con quinientas libras al año— se vieron interrumpidas por la necesidad de pagar la cuenta. Subía a cinco chelines y nueve peniques. Le di al camarero un billete de diez chelines y se marchó a buscar cambio. Había otro billete de diez chelines en mi monedero; lo observé, porque este poder que tiene mi monedero de producir automáticamente billetes de diez chelines es algo que todavía me quita la respiración. Lo abro y allí están. La sociedad me da pollo y café, cama y alojamiento, a cambio de cierto número de trozos de papel que me dejó mi tía por el mero motivo de que llevaba su nombre.

Mi tía, Mary Beton —dejadme que os lo cuente—, murió de una caída de caballo un día que salió a tomar el aire en Bombay. La noticia de mi herencia me llegó una noche, más o menos al mismo tiempo que se aprobaba una ley que les concedía el voto a las mujeres. Una carta de un notario cayó en mi buzón y al abrirla me encontré con que mi tía me había dejado quinientas libras al año hasta el resto de mis días. De las dos cosas

—el voto y el dinero—, el dinero, lo confieso, me pareció de mucho la más importante. Hasta entonces me había ganado la vida mendigando trabajillos en los periódicos, informando sobre una exposición de asnos o una boda; había ganado algunas libras escribiendo sobres, leyendo a ratos para viejas señoras, haciendo flores artificiales, enseñando el alfabeto a niños pequeños en un *kindergarten*. Éstas eran las principales ocupaciones permitidas a las mujeres antes de 1918. No necesito, creo, describir en detalle la dureza de esta clase de trabajo, pues quizá conozcáis a mujeres que lo han hecho, ni la dificultad de vivir del dinero así ganado, pues quizá lo hayáis intentado. Pero lo que sigo recordando como un yugo peor que estas dos cosas es el veneno del miedo y de la amargura que estos días me trajeron. Para empezar, estar siempre haciendo un trabajo que no se desea hacer y hacerlo como un esclavo, halagando y adulando, aunque quizá no siempre fuera necesario; pero parecía necesario y la apuesta era demasiado grande para correr riesgos; y luego el pensamiento de este don que era un martirio tener que esconder, un don pequeño, quizá, pero caro al poseedor, y que se iba marchitando, y con él mi ser, mi alma. Todo esto se convirtió en una carcoma que iba royendo las flores de la primavera, destruyendo el corazón del árbol. Pero, como decía, mi tía murió; y cada vez que cambio un billete de diez chelines, desaparece un poco de esta carcoma y de esta corrosión; se van el temor y la amargura. Realmente, pensé, guardando las monedas en mi bolso, es notable el cambio de humor que unos ingresos fijos traen consigo. Ninguna fuerza en el mundo puede quitarme mis quinientas libras. Tengo asegurados para siempre la comida, el cobijo y el vestir. Por tanto, no sólo cesan el esforzarse y el luchar, sino también el odio y la amargura. No necesito odiar a ningún hombre; no puede herirme. No necesito halagar a ningún hombre; no tiene nada que darme. De modo que, imperceptiblemente, fui adoptando una nueva actitud hacia la otra mitad de la especie humana. Era absurdo culpar a ninguna clase o sexo en conjunto. Las grandes masas de gente nunca son responsables de lo que hacen. Las mueven instintos que no están bajo su control. También ellos, los patriarcas, los profesores, tenían que combatir un sinfín de dificultades, tropezaban con terribles escollos. Su educación había sido, bajo algunos aspectos, tan deficiente como la mía propia. Había engendrado en ellos defectos igual de grandes. Tenían, es cierto, dinero y poder, pero sólo a cambio de albergar en su seno un águila, un buitre que eternamente les mordía el hígado y les picoteaba los pulmones: el instinto de posesión, el frenesí de adquisición, que les empujaba a desear perpetuamente los campos y los bienes ajenos, a hacer fronteras y banderas, barcos de guerra y gases venenosos; a ofrecer su propia vida y la de sus hijos. Pasad por debajo del Admiralty Arch (había llegado a este monumento) o recorred cualquier avenida dedicada a los trofeos y al cañón y reflexionad sobre la clase de gloria que allí se celebra. O ved en una soleada mañana de primavera al corredor de Bolsa y al gran abogado encerrándose en algún edificio para hacer más dinero, cuando es sabido que quinientas libras le mantendrán a uno vivo al sol. Estos instintos son desagradables de abrigar, pensé. Nacen de las condiciones de vida, de la falta de civilización, me dije mirando la estatua del duque de Cambridge y en particular las plumas de su sombrero de tres picos con una fijeza de la que raramente habrían sido objeto antes. Y al ir dándome cuenta de estos escollos, el temor y la amargura se fueron transformando poco a poco en piedad y tolerancia; y luego, al cabo de un año o dos, desaparecieron la piedad y la tolerancia y llegó la mayor liberación de todas, la libertad de pensar directamente en las cosas. Aquel edificio, por ejemplo, ¿me gusta o no? ¿Es bello aquel cuadro o no? En mi opinión, ¿este libro es bueno o malo? Realmente, la herencia de mi tía me hizo ver el cielo al descubierto y sustituyó la grande e imponente imagen de un caballero, que Milton me recomendaba que adorara eternamente, por una visión del cielo abierto.

Sumida en estos pensamientos, estas especulaciones, regresé hacia mi casa a la orilla del río. Se estaban encendiendo las lámparas y se había operado en Londres desde la mañana un cambio indescriptible. Parecía como si la gran máquina, después de trabajar todo el día, hubiera hecho con nuestra ayuda unas cuantas yardas de algo muy emocionante y hermoso, una tela de fuego en que fulguraban ojos rojos, un monstruo leonado que gruñía despidiendo aire caliente. Hasta el viento parecía latir como una bandera, azotando las casas y sacudiendo las empalizadas.

En mi pequeña calle, sin embargo, prevalecía la domesticidad. El pintor de paredes bajaba de su escalera; la niñera empujaba el cochecillo sorteando con cuidado a la gente, de regreso hacia casa para dar la cena a los niños; el repartidor de carbón doblaba sus sacos vacíos uno encima de otro; la mujer del colmado sumaba las entradas del día con sus manos cubiertas de mitones rojos. Pero tan absorta me hallaba yo en el problema que habíais colocado sobre mis hombros que no pude ver estas escenas corrientes sin relacionarlas con un tema único. Pensé que ahora es mucho más difícil de lo que debió de ser hace un siglo decir cuál de estos empleos es el más alto, el más necesario. ¿Es mejor ser repartidor de carbón o niñera? ¿Es menos útil al mundo la mujer de limpiezas que ha criado ocho niños que el abogado que ha hecho cien mil libras? De nada sirve hacer estas preguntas, que nadie puede contestar. No sólo sube y baja de una década a otra el valor relativo de las mujeres de limpiezas y de los abogados, sino que ni siquiera tenemos módulos para medir su valor del momento. Había sido una tontería de mi parte pedirle al profesor que me diera «pruebas irrefutables» de este o aquel razonamiento sobre las mujeres. Aunque se pudiera valorar un talento en un momento dado, estos valores están destinados a cambiar; dentro de un siglo es muy posible que hayan cambiado totalmente. Además, dentro de cien años, pensé llegando a la puerta de mi casa, las mujeres habrán dejado de ser el sexo protegido. Lógicamente, tomarán parte en todas las actividades y esfuerzos que antes les eran prohibidos. La niñera repartirá carbón. La tendera conducirá una locomotora. Todas las suposiciones fundadas en hechos observados cuando las mujeres eran el sexo protegido habrán desaparecido, como, por ejemplo (en este momento pasó por la calle un pelotón de soldados), la de que las mujeres, los curas y los jardineros viven más años que la demás gente. Suprimid esta protección, someted a las mujeres a las mismas actividades y esfuerzos que los hombres, haced de ellas soldados, marinos, maquinistas y repartidores y ¿acaso las mujeres no morirán mucho más jóvenes, mucho antes que los hombres y uno dirá: «Hoy he visto a una mujer», como antes solía decir: «Hoy he visto un aeroplano»? No se sabe lo que ocurrirá cuando el ser mujer ya no sea una ocupación protegida, pensé abriendo la puerta. Pero ¿qué tiene todo esto que ver con el tema de mi conferencia, las mujeres y la novela?, me pregunté entrando en casa.

CAPÍTULO 3

Me decepcionaba no haber vuelto a casa por la noche con alguna afirmación importante, algún hecho auténtico. Las mujeres son más pobres que los hombres por esto o aquello. Quizás ahora valdría más renunciar a ir en busca de la verdad y recibir en la cabeza una avalancha de opiniones caliente como la lava y descolorida como el agua de lavar platos. Sería mejor correr las cortinas, dejar afuera todas las distracciones, encender la lámpara, limitar la búsqueda y pedirle al historiador, que no registra opiniones, sino hechos, que describiera las condiciones en que habían vivido las mujeres, no en todas las épocas pasadas, sino en Inglaterra en el tiempo de Isabel I, pongamos.

Realmente, es un eterno misterio el porqué ninguna mujer escribió una palabra de aquella literatura extraordinaria cuando un hombre de cada dos, parece, tenía disposición para la canción o el soneto. ¿En qué condiciones vivían las mujeres?, me pregunté; porque la novela, es decir, la obra de imaginación, no cae al suelo como un guijarro, como quizás ocurra con la ciencia. La obra de imaginación es como una tela de araña: está atada a la realidad, leve, muy levemente quizá, pero está atada a ella por las cuatro puntas. A veces la atadura es apenas perceptible; las obras de Shakespeare, por ejemplo, parecen colgar, completas, por sí solas. Pero al estirar la tela por un lado, engancharla por una punta, rasgarla por en medio, uno se acuerda de que estas telas de araña no las hilan en el aire criaturas incorpóreas, sino que son obra de seres humanos que sufren y están ligadas a cosas groseramente materiales, como la salud, el dinero y las casas en que vivimos.

Fui, pues, al estante donde guardaba los libros de Historia y cogí uno de los más recientes, la *Historia de Inglaterra* del profesor Trevelyan. Una vez más busqué Mujeres en el índice, encontré «posición de» y abrí el libro en la página indicada. «El pegar a su mujer —leí— era un derecho reconocido del hombre y lo practicaban sin avergonzarse tanto las clases altas como las bajas... De igual modo —seguía diciendo el historiador— la hija que se negaba a casarse con el caballero que sus padres habían elegido para ella» se exponía a que la encerraran bajo llave, le pegaran y la zarandearan por la habitación, sin que la opinión pública se escandalizara. El matrimonio no era una cuestión de afecto personal, sino de avaricia familiar, en particular entre las clases altas de «caballeros»... El noviazgo a menudo se formalizaba cuando ambas partes se hallaban en la cuna y la boda se celebraba cuando apenas habían dejado sus niñeras. Esto ocurría en 1470, poco después del tiempo de Chaucer. La referencia siguiente es sobre la posición de las mujeres unos doscientos años más tarde, en la época de los Estuardo. «Seguían siendo excepción las mujeres de la clase alta o media que elegían a sus propios maridos, y cuando el marido había sido asignado, era el amo y señor, cuando menos dentro de lo que permitían la ley y la costumbre.» «A pesar de ello —concluye el profesor Trevelyan—, ni las mujeres de las obras de Shakespeare, ni las mencionadas en las Memorias auténticas del siglo diecisiete como las Verneys y las Hutchinsons, parecen carecer de personalidad o carácter.» Desde luego, si nos paramos a pensarlo, sin duda Cleopatra sabía ir sola; Lady Macbeth, se siente uno inclinado a suponer, tenía una voluntad propia; Rosalinda, concluye uno, debió de ser una muchacha atractiva. El profesor Trevelyan no dice más que la verdad cuando observa que las mujeres de las obras de Shakespeare no parecen carecer de personalidad ni de carácter. No siendo historiador, quizá podría uno ir un poco más lejos y decir que las mujeres han ardido como faros en las obras de todos los poetas desde el principio de los tiempos: Clitemnestra, Antígona, Cleopatra, Lady Macbeth, Fedra, Gessida, Rosalinda, Desdémona, la duquesa de Malfi entre los dramaturgos; luego, entre los prosistas, Millamant, Clarisa, Becky Sharp, Ana Karenina, Emma Bovary, Madame de Guermantes. Los nombres acuden en tropel a mi mente y no evocan mujeres que «carecían de personalidad o carácter». En realidad, si la mujer no hubiera existido más que en las obras escritas por los hombres, se la imaginaría uno como una persona importantísima; polifacética: heroica y mezquina, espléndida y sórdida, infinitamente hermosa y horrible a más no poder, tan grande como el hombre, más según algunos.[1] Pero ésta es la mujer de la literatura. En la realidad, como señala el profesor Trevelyan, la encerraban bajo llave, le pegaban y la zarandeaban por la habitación.

De todo esto emerge un ser muy extraño, mixto. En el terreno de la imaginación, tiene la mayor importancia; en la práctica, es totalmente insignificante. Reina en la poesía de punta a punta de libro; en la Historia casi no aparece. En la literatura domina la vida de reyes y conquistadores; de hecho, era la esclava de cualquier joven cuyos padres le ponían a la fuerza un anillo en el dedo. Algunas de las palabras más inspiradas, de los pensamientos más profundos salen en la literatura de sus labios; en la vida real, sabía apenas leer, apenas escribir y era propiedad de su marido.

---

1. «Sigue constituyendo un hecho extraño y casi inexplicable que en la ciudad de Atenas, donde las mujeres llevaban una vida casi tan recluida como en Oriente, de odaliscas o esclavas, el teatro haya producido personajes como Clitemnestra y Casandra, Atosa y Antígona, Fedra y Medea y todas las demás heroínas que dominan todas las obras del "misógino" Eurípides. Pero la paradoja de ese mundo, donde en la vida real una mujer respetable casi no podía mostrarse por la calle y en cambio en las tablas la mujer igualaba o incluso sobrepasaba al hombre, nunca ha sido explicada de modo satisfactorio. En las tragedias modernas encontramos la misma predominancia. En todo caso, basta un estudio muy rápido de la obra de Shakespeare (también es el caso de Webster, aunque no el de Marlowe o Jonson) para advertir que persiste esta predominancia desde Rosalinda hasta Lady Macbeth. Lo mismo ocurre con el teatro de Racine; seis de sus tragedias llevan el nombre de sus heroínas; y ¿qué personajes masculinos de su teatro podemos comparar con Hermiona, Andrómaca, Berenice, Roxana, Fedra y Atalía? Igual pasa con Ibsen; ¿qué hombres podemos poner al lado de Solveig y Nora, Hedda e Hilda Wangel y Rebecca West?» F. L. Lucas, *Tragedy*, págs. 114-115.

Era desde luego un monstruo extraño lo que resultaba de la lectura de los historiadores primero y de los poetas después: un gusano con alas de águila, el espíritu de la vida y la belleza en una cocina cortando sebo. Pero estos monstruos, por mucho que diviertan la imaginación, carecen de existencia real. Lo que debe hacerse para que la mujer cobre vida es pensar al mismo tiempo en términos poéticos y prosaicos, sin perder de vista los hechos —la mujer es Mrs. Martin, de treinta y seis años, va vestida de azul, lleva un sombrero negro y zapatos marrones—, pero sin perder de vista la literatura tampoco —la mujer es un recipiente donde fluyen y relampaguean perpetuamente toda clase de espíritus y fuerzas. Sin embargo, si se aplica este método a la mujer de la época de Isabel I, una rama de la iluminación falla; le detiene a uno la escasez de conocimientos. No se sabe nada detallado, nada estrictamente verdadero y sólido sobre ella. La Historia escasamente la menciona. Y de nuevo acudí al profesor Trevelyan para ver qué entendía él por Historia. Leyendo los títulos de los capítulos, vi que entendía:

«El Tribunal del Señorío y los Métodos de Cultivo en Campo Abierto... Los Cistercienses y la Cría de Corderos... Las Cruzadas... La Universidad... La Cámara de los Comunes... La Guerra de los Cien Años... Las Guerras de las Rosas... Los Humanistas del Renacimiento... La Disolución de los Monasterios... La Lucha Agraria y Religiosa... El Origen del Poder Marítimo de Inglaterra... La Armada...», etcétera. De vez en cuando se menciona a alguna mujer determinada, alguna Elizabeth o alguna Mary; una reina o una gran dama. Pero de ningún modo hubieran podido las mujeres de la clase media, sin más en su haber que inteligencia y carácter, tomar parte en los grandes movimientos que constituyen, reunidos, la visión que tiene el historiador del pasado. Tampoco la encontraremos en ninguna colección de anécdotas. Aubrey apenas la menciona. Ella apenas habla de su propia vida y raramente escribe un Diario; no existen más que un puñado de sus cartas. No dejó obras de teatro ni poemas que nos permitan juzgarla. Lo que se necesita —¿y por qué no la reúne alguna estudiante de Newham o Girton?— es una masa de información: a qué edad se casaba la mujer; cuántos hijos solía tener; cómo era su casa; si tenía o no una habitación para sí sola; si cocinaba ella misma; si era probable que tuviera una sirvienta. Todos estos hechos deben de encontrarse en alguna parte, me imagino, en los registros de las parroquias y los libros de cuentas; la vida de la mujer corriente de la época de Isabel I se encontraría dispersa en algún sitio, si alguien se quisiera molestar en reunir los datos y escribir un libro sobre este tema. Sería ambicioso a más no poder, pensé buscando en los estantes libros que no estaban allí, sugerir a las estudiantes de aquellos colegios famosos que reescribieran la Historia, aunque confieso que, tal como está escrita, a menudo me parece un poco rara, irreal, desequilibrada; pero ¿por qué no podrían añadir un suplemento a la Historia, dándole, por ejemplo, un nombre muy discreto para que las mujeres pudieran figurar en él sin impropiedad? Se las entrevé un instante en las vidas de los grandes hombres, desapareciendo en seguida en la distancia, escondiendo a veces, creo, un guiño, una risa, quizás una lágrima. Y, después de todo, contamos con bastantes biografías de Jane Austen; parece apenas necesario volver a estudiar la influencia de las tragedias de Joanna Baillie sobre la poesía de Edgar Allan Poe; y, en lo que a mí respecta, no me importaría que cerraran al público durante un siglo al menos las casas que habitó y visitó Mary Russel Mitford. Pero lo que encuentro deplorable, proseguí pasando de nuevo revista por los estantes, es que no se sepa nada de la mujer antes del siglo dieciocho. No dispongo en mi mente de ningún modelo al que pueda considerar bajo todos sus aspectos. Pregunto por qué las mujeres no escribían poesía en la época de Isabel I y no estoy segura de cómo las educaban; de si les enseñaban a escribir; de si tenían salitas para su uso particular; no sé cuántas mujeres tenían hijos antes de cumplir los veintiún años ni, resumiendo, lo que hacían de las ocho de la mañana a las ocho de la noche. No tenían dinero, de esto no cabe duda; según el profesor Trevelyan, las casaban, les gustara o no, antes de que dejaran sus niñeras, a los quince o dieciséis años a lo más tardar. Hubiera sido sumamente raro que una mujer hubiese escrito de pronto, pese a esta situación, las obras de Shakespeare, concluí. Y pensé en aquel anciano caballero, que ahora está muerto, pero que era un obispo, creo, y que declaró que era imposible que ninguna mujer del pasado, del presente o del porvenir tuviera el genio de Shakespeare. Escribió a los periódicos acerca de ello. También le dijo a una señora, que le pidió información, que los gatos, en realidad, no van al paraíso, aunque tienen, añadió, almas de cierta clase. ¡Cuántas cavilaciones le ahorraban a uno estos ancianos caballeros! ¡Cómo retrocedían, al acercarse ellos, las fronteras de la ignorancia! Los gatos no van al cielo. Las mujeres no pueden escribir las obras de Shakespeare.

A pesar de todo no pude dejar de pensar, mirando las obras de Shakespeare en el estante, que el obispo tenía razón cuando menos en esto: le hubiera sido imposible, del todo imposible, a una mujer escribir las obras de Shakespeare en la época de Shakespeare. Dejadme imaginar, puesto que los datos son tan difíciles de obtener, lo que hubiera ocurrido si Shakespeare hubiera tenido una hermana maravillosamente dotada, llamada Judith, pongamos. Shakespeare, él, fue sin duda —su madre era una heredera— a la escuela secundaria, donde quizás aprendió el latín —Ovidio, Virgilio y Horacio— y los elementos de la gramática y la lógica. Era, es sabido, un chico indómito que cazaba conejos en vedado, quizá mató algún ciervo y tuvo que casarse, quizás algo más pronto de lo que hubiera decidido, con una mujer del vecindario que le dio un hijo un poco antes de lo debido. A raíz de esta aventura, marchó a Londres a buscar fortuna. Sentía, según parece, inclinación hacia el teatro; empezó cuidando caballos en la entrada de los artistas. Encontró muy pronto trabajo en el teatro, tuvo éxito como actor, y vivió en el centro del universo, haciendo amistad con todo el mundo, practicando su arte en las tablas, ejercitando su ingenio en las calles y hallando incluso acceso al palacio de la reina. Entretanto, su dotadísima hermana, supongamos, se quedó en casa. Tenía el mismo espíritu de aventura, la misma imaginación, la misma ansia de ver el mundo que él. Pero no la mandaron a la escuela. No tuvo oportunidad de aprender la gramática ni la lógica, ya no digamos de leer a Horacio ni a Virgilio. De vez en cuando cogía un libro, uno de su hermano quizás, y leía unas cuantas páginas. Pero entonces entraban sus padres y le decían que se zurciera las medias o vigilara el guisado y no perdiera el tiempo con libros y papeles. Sin duda hablaban con firmeza, pero también con bondad, pues eran gente acomodada que conocía las condiciones de vida de las mujeres y querían a su hija; seguro que Judith era en realidad la niña de los ojos de su padre. Quizá garabateaba unas cuantas páginas a escondidas en un altillo lleno de manzanas, pero tenía buen cuidado de esconderlas o quemarlas. Pronto, sin embargo, antes de que cumpliera veinte años, planeaban casarla con el hijo de un comerciante en lanas del vecindario. Gritó que esta boda le era odiosa y por este motivo su padre le pegó con severidad. Luego paró de reñirla. Le rogó en cambio que no le hiriera, que no le avergonzara con el motivo de esta boda. Le daría un collar o unas bonitas enaguas, dijo; y había lágrimas en sus ojos. ¿Cómo podía Judith desobedecerle? ¿Cómo podía romperle el corazón? Sólo la fuerza de su talento la empujó a ello. Hizo un paquetito con sus cosas, una noche de verano se descolgó con una cuerda por la ventana de su habitación y tomó el camino de Londres. Aún no había cumplido los diecisiete años. Los pájaros que cantaban en los setos no sentían la música más que ella. Tenía una gran facilidad, el mismo talento que su hermano, para captar la musicalidad de las palabras. Igual que él, sentía inclinación al teatro. Se colocó junto a la entrada de los artistas; quería actuar, dijo. Los hombres le rieron a la cara. El director —un hombre gordo con labios colgantes— soltó una risotada. Bramó algo sobre perritos que bailaban y mujeres que actuaban. Ninguna mujer, dijo, podía en modo alguno ser actriz. Insinuó... ya suponéis qué. Judith no pudo aprender el oficio de su elección. ¿Podía siquiera ir a cenar a una taberna o pasear por las calles a la medianoche? Sin embargo, ardía en ella el genio del arte, un genio ávido de alimentarse con abundancia del espectáculo de la vida de los hombres y las mujeres y del estudio de su modo de ser. Finalmente —pues era joven y se parecía curiosamente al poeta, con los mismos ojos grises y las mismas cejas arqueadas—, finalmente Nick Greene, el actor-director, se apiadó de ella; se encontró encinta por obra de este caballero y —¿quién puede medir el calor y la violencia de un corazón de poeta apresado y embrollado en un cuerpo de mujer?— se mató una noche de invierno y yace enterrada en una encrucijada donde ahora paran los autobuses, junto a la taberna del «Elephant and Castle».

Ésta vendría a ser, creo, la historia de una mujer que en la época de Shakespeare hubiera tenido el genio de Shakespeare. Pero por mi parte estoy de acuerdo con el difunto obispo, si es que era tal cosa: es impensable que una mujer hubiera podido tener el genio de Shakespeare en la época de Shakespeare. Porque genios como el de Shakespeare no florecen entre los trabajadores, los incultos, los sirvientes. No florecieron en Inglaterra entre los sajones ni entre los britanos. No florecen hoy en las clases obreras. ¿Cómo, pues, hubieran podido florecer entre las mujeres, que empezaban a trabajar, según el profesor Trevelyan, apenas fuera del cuidado de sus niñeras, que se veían forzadas a ello por sus padres y el poder de la ley y las costumbres? Sin embargo, debe de haber existido un genio de alguna clase entre las mujeres, del mismo modo que debe de haber existido en las clases obreras. De vez en cuando resplandece una Emily Brontë o un Robert Burns y revela su existencia. Pero nunca dejó su huella en el papel. Sin embargo, cuando leemos algo sobre una bruja zambullida en agua, una mujer poseída de los demonios, una sabia mujer que vendía hierbas o incluso un hombre muy notable que tenía una madre, nos hallamos, creo, sobre la pista de una novelista malograda, una poetisa reprimida, alguna Jane Austen muda y desconocida, alguna Emily Brontë que se machacó los sesos en los páramos o anduvo haciendo muecas por las carreteras, enloquecida por la tortura en que su don la hacía vivir. Me aventuraría a decir que Anon, que escribió tantos poemas sin firmarlos, era a menudo una mujer. Según sugiere, creo, Edward Fitzgerald, fue una mujer quien compuso las baladas y las canciones folklóricas, canturreándolas a sus niños, entreteniéndose mientras hilaba o durante las largas noches de invierno.

Quizás esto sea cierto, quizá sea falso —¿quién lo sabe?—, pero lo que sí me pareció a mí, repasando la historia de la hermana de Shakespeare tal como me la había imaginado, definitivamente cierto, es que cualquier mujer nacida en el siglo dieciséis con un gran talento se hubiera vuelto loca, se hubiera suicidado o hubiera acabado sus días en alguna casa solitaria en las afueras del pueblo, medio bruja, medio hechicera, objeto de temor y burlas. Porque no se necesita ser un gran psicólogo para estar seguro de que una muchacha muy dotada que hubiera tratado de usar su talento para la poesía hubiera tropezado con tanta frustración, de que la demás gente le hubiera creado tantas dificultades y la hubieran torturado y desgarrado de tal modo sus propios instintos contrarios que hubiera perdido la salud y la razón. Ninguna muchacha hubiera podido marchar a pie a Londres, colocarse junto a la entrada de los artistas y obtener a toda costa que la recibiera el actor-director sin que ello le representara una gran violencia y sin sufrir una angustia quizás irracional —pues es posible que la castidad sea un fetiche inventado por ciertas sociedades por algún motivo desconocido—, pero aun así inevitable. La castidad tenía entonces, sigue teniendo hoy día, una importancia religiosa en la vida de una mujer y se ha envuelto de tal modo de nervios e instintos que para liberarla y sacarla a la luz se requiere un coraje muy poco corriente. Vivir una vida libre en Londres en el siglo dieciséis hubiera representado para una mujer que hubiese escrito poesía y teatro una tensión nerviosa y un dilema tales que posiblemente la hubiesen matado. De haber sobrevivido, cuanto hubiese escrito hubiese sido retorcido y deformado, al proceder de una imaginación tensa y mórbida. Y, sin duda alguna, pensé mirando los estantes en que no había ninguna obra de teatro escrita por una mujer, no hubiera firmado sus obras. Este refugio lo hubiera indudablemente buscado. Un residuo del sentido de castidad es lo que dictó la anonimidad a las mujeres hasta fecha muy tardía del siglo diecinueve. Currer Bell, George Eliot, George Sand, víctimas todas ellas de una lucha interior como revelan sus escritos, trataron sin éxito de velar su identidad tras un nombre masculino. Así honraron la convención, que el otro sexo no había implantado, pero sí liberalmente animado (la mayor gloria de una mujer es que no hablen de ella, dijo Pericles, un hombre, él, del que se habló mucho) de que la publicidad en las mujeres es detestable. La anonimidad corre por sus venas. El deseo de ir veladas todavía las posee. Ni siquiera ahora las preocupa tanto como a los hombres la salud de su fama y, hablando en general, pueden pasar cerca de una lápida funeraria o una señal de carretera sin sentir el deseo irresistible de grabar en ellos su nombre como Alf, Bert o Chas se ven forzados a hacer en obediencia a su instinto, que les murmura cuando ve pasar a una bella mujer o a un simple perro: *Ce chien est à moi*. Y, naturalmente, puede no ser un perro, pensé acordándome de Parliament Square, la Sieges Allee y otras avenidas; puede ser un trozo de tierra o un hombre con pelo negro y rizado. Una de las grandes ventajas del ser mujer es el poder cruzarse en la calle hasta con una hermosa negra sin desear hacer de ella una inglesa.

Esta mujer, pues, nacida en el siglo dieciséis con talento para la poesía era una mujer desgraciada, una mujer en lucha contra sí misma. Todas las circunstancias de su vida, todos sus propios instintos eran contrarios al estado mental que se necesita para liberar lo que se tiene en el cerebro. Pero ¿cuál es el estado mental más propicio al acto de creación?, me pregunté. ¿Puede uno formarse una idea del estado mental que favorece y hace posible esta extraña actividad? Aquí abrí el volumen que contenía las tragedias de Shakespeare. ¿Cuál era el estado mental de Shakespeare cuando escribió, por ejemplo, *El Rey Lear* o *Antonio y Cleopatra*? Sin duda era el estado mental más favorable a la poesía en que jamás nadie se ha hallado. Pero el propio Shakespeare nunca dijo nada de su estado mental. Sólo sabemos por una feliz casualidad que «jamás tachaba un verso». De hecho, el artista nunca dijo nada de su propio estado mental hasta el siglo dieciocho. Rousseau quizá fue el primero. En todo caso, allá por el siglo diecinueve la costumbre del autoanálisis se había generalizado de tal modo que los hombres de letras solían describir sus estados mentales en confesiones y autobiografías. También se escribían sus vidas y después de su muerte se publicaban sus cartas. Por tanto, aunque no sepamos por qué experiencias pasó Shakespeare al escribir *El Rey Lear*, sí sabemos por cuáles pasó Carlyle al escribir *La revolución francesa* y Flaubert al escribir *Madame Bovary*, y qué tormentos sufrió Keats tratando de escribir poesía pese a la cercanía de la muerte y la indiferencia del mundo.

Y así se da uno cuenta, gracias a esta abundantísima literatura moderna de confesión y autoanálisis, que escribir una obra genial es casi una proeza de una prodigiosa dificultad. Todo está en contra de la probabilidad de que salga entera e intacta de la mente del escritor. Las circunstancias materiales suelen estar en contra. Los perros ladran; la gente interrumpe; hay que ganar dinero; la salud falla. La notoria indiferencia del mundo acentúa además estas dificultades y las hace más pesadas aún de soportar. El mundo no le pide a la gente que escriba poemas, novelas, ni libros de Historia; no los necesita.

No le importa nada que Flaubert encuentre o no la palabra exacta ni que Carlyle verifique escrupulosamente tal o cual hecho. Naturalmente, no pagará por lo que no quiere. Y así el escritor —Keats, Flaubert, Carlyle— sufre, sobre todo durante los años creadores de la juventud, toda clase de perturbaciones y desalientos. Una maldición, un grito de agonía sube de estos libros de análisis y confesión. «Grandes poetas muertos en su tormento»: ésta es la carga que lleva su canción. Si algo sale a la luz a pesar de todo, es un milagro y es probable que ni un solo libro nazca entero y sin deformidades, tal como fue concebido.

Pero, para la mujer, pensé mirando los estantes vacíos, estas dificultades eran infinitamente más terribles. Para empezar, tener una habitación propia, ya no digamos una habitación tranquila y a prueba de sonido, era algo impensable aun a principios del siglo diecinueve, a menos que los padres de la mujer fueran excepcionalmente ricos o muy nobles. Ya que sus alfileres, que dependían de la buena voluntad de su padre, sólo le alcanzaban para el vestir, estaba privada de pequeños alicientes al alcance hasta de hombres pobres como Keats, Tennyson o Carlyle: una gira a pie, un viajecito a Francia o un alojamiento independiente que, por miserable que fuera, les protegía de las exigencias y tiranías de su familia. Estas dificultades materiales eran enormes; peores aún eran las inmateriales. La indiferencia del mundo, que Keats, Flaubert y otros han encontrado tan difícil de soportar, en el caso de la mujer no era indiferencia, sino hostilidad. El mundo no le decía a ella como les decía a ellos: «Escribe si quieres; a mí no me importa nada.» El mundo le decía con una risotada: «¿Escribir? ¿Para qué quieres tú escribir?» En este asunto las estudiantes de psicología de Newham y Girton podrían sernos de alguna ayuda, pensé mirando de nuevo los estantes vacíos. Porque sin duda va siendo hora de que alguien mida el efecto del desaliento sobre la mente del artista, del mismo modo que he visto una compañía de productos lácteos medir el efecto de la leche corriente y de la leche de grado A sobre el cuerpo de la rata. Pusieron dos ratas juntas en una jaula y de las dos, una era furtiva, tímida y pequeña y la otra lustrosa, resuelta y grande. Ahora bien, ¿qué les damos de comer a las mujeres artistas?, pregunté, acordándome, me imagino, de aquella cena a base de ciruelas pasas y flan. Para contestar esta pregunta me bastó abrir el periódico de la noche y leer que Lord Birkenhead opina que... Pero, bien mirado, no me voy a molestar en copiar lo que opina Lord Birkenhead de lo que escriben las mujeres. Lo que dice el Deán Inge lo voy a dejar de lado. El especialista de Harley Street[2] puede despertar si quiere los ecos de Harley Street con sus vociferaciones, no levantará un solo pelo de mi cabeza. Citaré, sin embargo, a Mr. Oscar Browning, porque Mr. Oscar Browning fue en un tiempo una gran autoridad en Cambridge y solía examinar a las estudiantes de Girton y Newham. Mr. Oscar Browning dijo, según parece, que «la impresión que le quedaba en la mente tras corregir cualquier clase de exámenes era que, dejando de lado las notas que pudie-

---

2. Harley Street: calle londinense donde tienen su consultorio numerosos médicos especialistas de fama.

ra poner, la mujer más dotada era intelectualmente inferior al hombre menos dotado». Tras decir esto, Mr. Browning volvió a sus habitaciones y —lo que sigue es lo que hace tomarle cariño y le convierte en una personalidad humana de cierta categoría y majestad— volvió, digo, a sus habitaciones y encontró a un mozo de establo acostado en su sofá: «un puro esqueleto; sus mejillas eran cavernosas y de color enfermizo, sus dientes negros y no parecía poder valerse de sus miembros... "Es Arturo —dijo Mr. Browning—, un chico realmente encantador y muy inteligente"». Siempre me parece que estos dos cuadros se completan. Y, por suerte, en esta época de biografías, los dos cuadros a menudo se completan, efectivamente, y podemos interpretar las opiniones de los grandes hombres basándonos no sólo en lo que dicen, sino también en lo que hacen.

Pero si bien esto es posible ahora, semejantes opiniones salidas de los labios de gente importante cincuenta años atrás debieron de sonar terribles. Supongamos que un padre, por los mejores motivos, no deseara que su hija se marchara de casa para ser escritora, pintora o dedicarse al estudio. «Ve lo que dice Mr. Oscar Browning», hubiera dicho; y Mr. Oscar Browning no era el único; había la *Saturday Review*; había Mr. Greg: «la esencia de la mujer —dice Mr. Greg con énfasis— es que *el hombre la mantiene y ella le sirve*». Eran legión los hombres que opinaban que, intelectualmente, no podía esperarse nada de las mujeres. Y aunque su padre no le leyera en voz alta estas opiniones, cualquier chica podía leerlas por su propia cuenta; y esta lectura, aun en el siglo diecinueve, debió de mermar su vitalidad y tener un profundo efecto sobre su trabajo. Siempre estaría oyendo esta afirmación: «No puedes hacer esto, eres incapaz de lo otro», contra la que tenía que protestar, que debía refutar. Probablemente este germen no tiene ya mucho efecto en una novelista, porque ha habido mujeres novelistas de mérito. Pero para las pintoras sin duda sigue teniendo cierta virulencia; y para las compositoras, me imagino, todavía hoy día debe de ser activo y venenoso en extremo. La compositora se halla en la situación de la actriz en la época de Shakespeare. Nick Greene, pensé recordando la historia que había inventado sobre la hermana de Shakespeare, dijo que una mujer que actuaba le hacía pensar en un perro que bailaba. Johnson repitió esta frase doscientos años más tarde refiriéndose a las mujeres que predicaban. Y aquí tenemos, dije, abriendo un libro sobre música, las mismísimas palabras usadas de nuevo en este año de gracia de 1928, aplicadas a las mujeres que tratan de escribir música. «Acerca de Mlle. Germaine Tailleferre, sólo se puede repetir la frase del Dr. Johnson acerca de las predicadoras, trasladándola a términos musicales. Señor, una mujer que compone es como un perro que anda sobre sus patas traseras. No lo hace bien, pero ya sorprende que pueda hacerlo en absoluto.»[3] Con tal exactitud se repite la historia.

Así, pues, concluí cerrando la biografía de Mr. Oscar Browning y empujando a un lado los demás libros, está bien claro que ni en el siglo diecinueve se alentaba a las mujeres a ser artistas. Al contrario, se las desaira-

---

3. Cecil Gray, *A Survey of Contemporary Music*, pág. 246.

ba, insultaba, sermoneaba y exhortaba. La necesidad de hacer frente a esto, de probar la falsedad de lo otro, debe de haber puesto su mente en tensión y mermado su vitalidad. Porque aquí nos acercamos de nuevo a este interesante y oscuro complejo masculino que ha tenido tanta influencia sobre el movimiento feminista; este deseo profundamente arraigado en el hombre no tanto de que *ella* sea inferior, sino más bien de ser *él* superior, este complejo que no sólo le coloca, mire uno por donde mire, a la cabeza de las artes, sino que le hace interceptar también el camino de la política, incluso cuando el riesgo que corre es infinitesimal y la peticionaria humilde y fiel. Hasta Lady Bessborough, recordé, pese a toda su pasión por la política, debe inclinarse humildemente y escribir a Lady Granville Leveson-Gower: «... pese a toda mi violencia en asuntos políticos y a lo mucho que charlo sobre este tema, estoy perfectamente de acuerdo con usted en que no corresponde a una mujer meterse en esto o en cualquier otro asunto serio, salvo para dar su opinión (si se la piden)». Y pasa a dar rienda suelta a su entusiasmo en un terreno donde no tropieza con ningún obstáculo, el tema importantísimo del primer discurso de Lord Granville en la Cámara de los Comunes. Es un espectáculo realmente raro, pensé. La historia de la oposición de los hombres a la emancipación de las mujeres es más interesante quizá que el relato de la emancipación misma. Podría escribirse sobre ello un libro divertido si alguna estudiante de Girton o Newham reuniera ejemplos y dedujera una teoría; pero necesitaría gruesos guantes para cubrir sus manos y barras de oro sólido para protegerse.

Pero lo que hoy nos divierte, pensé cerrando el libro de Lady Bessborough, en un tiempo tuvo que tomarse desesperadamente en serio. Opiniones que ahora uno pega en un cuaderno titulado «kikirikú» y guarda para leerlas a selectos auditorios una noche de verano, un día arrancaron lágrimas, os lo aseguro. Muchas de vuestras abuelas, de vuestras bisabuelas, lloraron hasta saciarse. Florence Nightingale gritó de angustia.[4] Además, os cuesta poco a vosotras, que habéis logrado ir a la Universidad y contáis con salitas particulares —¿o son sólo salitas-dormitorio?—, decir que el genio no debe tener en cuenta esta clase de opiniones; que el genio debe estar por encima de lo que dicen de él. Por desgracia, es precisamente a los hombres y mujeres geniales a quienes más pesa lo que dicen de ellos. Pensad en Keats. Pensad en las palabras que hizo grabar en su tumba. Pensad en Tennyson. Pensad... Pero no necesito multiplicar los ejemplos del hecho innegable, por desafortunado que sea, de que por naturaleza al artista le importa excesivamente lo que dicen de él. Siembran la literatura los naufragios de hombres a quienes importaron más de lo razonable las opiniones ajenas.

Y esta susceptibilidad del artista es doblemente desafortunada, pensé, volviendo a mi encuesta original sobre el estado mental más propicio al trabajo creador, porque la mente del artista, para lograr realizar el esfuerzo prodigioso de liberar entera e intacta la obra que se halla en ella, debe ser incandescente, como la mente

---

4. Véase *Cassandra*, por Florence Nightingale, impreso en *The Cause*, por R. Strachey.

de Shakespeare, pensé, mirando el libro que estaba abierto en *Antonio y Cleopatra*. No debe haber obstáculos en ella, ningún cuerpo extraño inconsumido.

Porque aunque digamos que no sabemos nada del estado mental de Shakespeare, al decir esto ya decimos algo del estado mental de Shakespeare. Si sabemos tan poco de Shakespeare —comparado con Donne, Ben Jonson o Milton— es porque nos esconde sus rencores, sus hostilidades, sus antipatías. No nos detiene ninguna «revelación» que nos recuerde al escritor. Todo deseo de protestar, predicar, pregonar un insulto, sentar una cuenta, hacer al mundo testigo de una dificultad o una queja, todo esto ha ardido en su mente y se ha consumido. Su poesía mana, pues, de él libremente, sin obstáculos. Si algún ser humano ha logrado dar expresión completa a su obra, ha sido Shakespeare. Si ha habido jamás alguna mente incandescente, que no conociera los obstáculos, pensé, mirando de nuevo los estantes, ha sido la mente de Shakespeare.

CAPÍTULO 4

Encontrar en el siglo dieciséis a una mujer en este estado mental era evidentemente imposible. Basta pensar en las tumbas isabelinas, con todos aquellos niños arrodillados con las manos juntas, y en sus muertes prematuras, y ver sus casas con aquellas habitaciones oscuras y estrechas para comprender que ninguna mujer hubiera podido escribir poesía en aquellos tiempos. Pero sí cabía esperar que algo más tarde, alguna gran dama aprovechara su relativa libertad y confort para publicar alguna cosa en su nombre, arriesgándose a que la tomaran por un monstruo. Los hombres, naturalmente, no son esnobs, continué, evitando con cuidado el «feminismo acabado» de Miss Rebecca West, pero por lo general acogen con simpatía los intentos poéticos de una condesa. Ya se supone que una dama con título se vería más alentada de lo que se hubiera visto en aquella época una Miss Austen o una Miss Brontë, desconocidas de todos. Pero también cabe suponer que debieron de perturbar su mente emociones impropias como el temor o el odio y que huellas de estas perturbaciones deben de advertirse en sus poemas. Aquí tenemos a Lady Winchilsea, por ejemplo, pensé, tomando el libro de sus poemas. Nació en el año 1661; era noble tanto de cuna como por su matrimonio; no tuvo hijos; escribió poesía y basta abrir el libro de sus poemas para verla hervir de indignación acerca de la posición de las mujeres.

> *How are we fallen! fallen by mistaken rules,*
> *And Education's more than Nature's fools;*
> *Debarred from all improvements of the mind,*
> *And to be dull expected and designed;*
> *And if someone would soar above the rest,*
> *With warmer fancy, and ambition pressed,*
> *So strong the opposing faction still appears,*
> *The hopes to thrive can ne'er outweigh the fears.*[1]

Claramente, su mente dista de «haber consumido todos los obstáculos y haberse vuelto incandescente». Al contrario, toda clase de odios y motivos de queja la hostigan y la perturban. Ve a la especie humana dividida en dos bandos. Los hombres son la «facción de la oposición»; odia a los hombres y les teme porque tienen el poder de impedirle hacer lo que quiere, que es escribir.

---

1. ¡Qué bajo hemos caído!, caído por reglas injustas, necias por Educación más que por Naturaleza; privadas de todos los progresos de la mente; se espera que carezcamos de interés, a ello se nos destina; y si una sobresale de las demás, con fantasía más cálida y por la ambición empujada, tan fuerte sigue siendo la facción de la oposición que las esperanzas de éxito nunca superan los temores.

> *Alas! a woman that attempts the pen,*
> *Such a presumptuous creature is esteemed,*
> *The fault can by no virtue be redeemed.*
> *They tell us we mistake our sex and way;*
> *Good breeding, fashion, dancing, dressing, play,*
> *Are the accomplishments we should desire;*
> *To write, or read, or think, or to inquire,*
> *Would cloud our beauty, and exhaust our time,*
> *And interrupt the conquests of our prime,*
> *Whilst the dull manage of a servile house*
> *Is held by some our utmost art and use.*[2]

Tiene que animarse a escribir suponiendo que lo que escribe nunca se publicará, apaciguar su espíritu con el triste canto:

> *To some few friends, and to thy sorrows sing,*
> *For groves of laurel thou wert never meant;*
> *Be dark enough thy shades, and be thou there*
>   *[content.*[3]

---

2. Ay, a la mujer que prueba la pluma se la considera una criatura tan presuntuosa que ninguna virtud puede redimir su falta. Nos equivocamos de sexo, nos dicen, de modo de ser; la urbanidad, la moda, la danza, el bien vestir, los juegos son las realizaciones que nos deben gustar; escribir, leer, pensar o estudiar nublarían nuestra belleza, nos harían perder el tiempo e interrumpir las conquistas de nuestro apogeo, mientras que la aburrida administración de una casa con criados algunos la consideran nuestro máximo arte y uso.

3. Canta para algunos amigos y para tus penas, no has sido destinada a los arbustos de laurel; sean oscuras tus sombras y vive feliz en ellas.

Y sin embargo es evidente que si hubiese podido liberar su mente del odio y del miedo y no hubiese acumulado en ella la amargura y el resentimiento, el fuego ardería con calor dentro de ella. De vez en cuando brotan palabras de poesía pura:

> *Nor will in fading silks compose,*
> *Faintly the inimitable rose.*[4]

Mr. Murry las alaba con razón y Pope, se cree, recordó y se apropió de estas otras:

> *Now the jonquille o'ercomes the feeble brain;*
> *We faint beneath the aromatic pain.*[5]

Es una lástima tremenda que una mujer capaz de escribir así, con una mente que la naturaleza hacía vibrar y dada a la reflexión, se viera empujada a la cólera y la amargura. Pero ¿cómo hubiera podido evitarlo?, me pregunté, imaginando las burlas y las risas, las alabanzas de los aduladores, el escepticismo del poeta profesional. Debió de encerrarse en una habitación en el campo para escribir, desgarrada por la amargura y los escrúpulos, aunque su marido era la bondad en persona y su vida matrimonial una perfección. Digo «debió de», pues si se trata de encontrar datos sobre Lady Winchilsea, resulta, como de costumbre, que no se sabe casi

---

4. Y no compondré con sedas descoloridas, pálidamente, la rosa inimitable.
5. Ahora el junquillo vence el débil cerebro; nos desmayamos bajo el aromático dolor.

nada de ella. Padeció terrible melancolía, cosa que nos podemos explicar al menos en parte, cuando nos cuenta cómo, presa de ella, imaginaba

> *My lines decried, and my employment thought*
> *An useless folly or presumptuous fault.*[6]

Esta ocupación que la gente censuraba no parece haber sido más que la inofensiva actividad de vagabundear por los campos y soñar:

> *My hand delights to trace unusual things,*
> *And deviates from the known and common way,*
> *Nor will in fading silks compose,*
> *Faintly the inimitable rose.*[7]

Naturalmente, si ésta era su costumbre y su felicidad, ya podía esperar que se burlarían de ella; y, en efecto, Pope o Gay parece haberla satirizado llamándola «una marisabidilla con la manía de garabatear». Según parece, ella a su vez ofendió a Gay burlándose de él. Su *Trivia*, dijo, mostraba que era «más apto a andar delante de una silla de manos que a viajar en una». Pero todo esto no son más que «chismorreos dudosos» y, según Mr. Murry, «sin interés». Pero en lo segundo no estoy de acuerdo con él, pues a mí me hubiera gustado poder

---

6. Mis versos desacreditados y mi ocupación considerada una locura inútil o una presunción culpable.

7. Mi mano se deleita en trazar cosas inusuales y se aparta del camino conocido y común y no compondré con sedas descoloridas, pálidamente, la rosa inimitable.

leer todavía más chismorreos dudosos para obtener o forjarme una imagen de esta melancólica dama que se deleitaba vagabundeando por los campos y pensando en cosas inusuales y que de modo tan tajante e insensato desdeñó «la aburrida administración de una casa con criados». Pero no supo concentrarse, dice Mr. Murry. Invadieron su talento las malas hierbas y lo cercaron los rosales silvestres. No tuvo ocasión de manifestarse como el don notable, distinguido que era. Y así, poniendo de nuevo su libro en el estante, me volví hacia aquella otra dama, la duquesa que Lamb amó, la vivaz, caprichosa Margaret of Newcastle, mayor que ella, pero de su tiempo. Eran muy distintas, pero hay entre ellas puntos de semejanza: ambas eran nobles, ninguna de las dos tuvo hijos y ambas contaban con excelentes maridos. En ambas ardió la misma pasión por la poesía y cuanto ambas escribieron está deformado y desfigurado por las mismas causas. Abrid el libro de la duquesa y hallaréis la misma explosión de cólera: «Las mujeres viven como Murciélagos o Búhos, trabajan como Bestias y mueren como Gusanos...» También Margaret hubiera podido ser una poetisa; en nuestros tiempos toda aquella actividad hubiera hecho girar una rueda de alguna clase. En los suyos, ¿qué hubiera podido constreñir, amaestrar, o civilizar para uso humano aquella inteligencia indómita, generosa, sin guía? Brotó desordenadamente, en torrentes de rima y prosa, de poesía y filosofía, hoy congelados en cuartillas y folios que nadie lee. Le hubieran tenido que poner un microscopio en la mano. Le hubieran tenido que enseñar a mirar las estrellas y razonar científicamente. La soledad y la libertad le hicieron perder la razón. Nadie la controló. Nadie la instruyó. Los profesores la adulaban. En la Corte se burlaban de ella. Sir Egerton Brydges se quejaba de su tosquedad, «impropia de una hembra de alto rango educada en la Corte». Se encerró sola en Welbeck.

¡Qué espectáculo de soledad y rebelión ofrece el pensamiento de Margaret Cavendish! Parece como si un pepino gigante hubiera invadido las rosas y los claveles del jardín y los hubiera ahogado. Es una lástima que la mujer que escribió: «Las mujeres mejor educadas son aquellas cuya mente es más refinada» perdiera el tiempo garabateando tonterías y hundiéndose cada vez más en la oscuridad y la locura, hasta el punto que la gente se agrupaba alrededor de su carroza cuando salía. Naturalmente, la loca duquesa se convirtió en el coco con que se asustaba a las chicas inteligentes. Por ejemplo, recordé, volviendo a poner a la duquesa en el estante y abriendo las cartas de Dorothy Osborne, aquí estaba Dorothy escribiendo a Temple sobre un nuevo libro de la duquesa. «No cabe duda de que la pobre mujer está un poco trastornada, si no, no caería en la ridiculez de aventurarse a escribir libros, y en verso además. Aunque me pasara semanas sin dormir no llegaría yo a hacer tal cosa.»

Y así, puesto que las mujeres sensatas y modestas no podían escribir libros, Dorothy, que era sensible y melancólica, el polo opuesto de la duquesa en temperamento, no escribió nada. Las cartas no contaban. Una mujer podía escribir cartas sentada a la cabecera de su padre enfermo. Podía escribirlas junto al fuego mientras los hombres charlaban sin estorbarles. Lo extraño, pensé hojeando las cartas de Dorothy, es el talento que tenía esta muchacha inculta y solitaria para componer frases, evocar escenas. Escuchadla:

«Después de comer nos sentamos y charlamos hasta que se toca el tema de Mr. B y entonces me voy. Las horas calurosas las paso leyendo o trabajando, y allá a las seis o las siete salgo a pasear por unos prados que hay junto a la casa y donde muchas mozuelas que guardan corderos y vacas se sientan a la sombra a cantar baladas. Voy hacia ellas y comparo su voz y su belleza con las de las antiguas pastoras sobre las que he leído cosas y encuentro una gran diferencia, pero creo sinceramente que éstas son tan inocentes como pudieron serlo aquéllas. Hablo con ellas y me entero de que para ser las muchachas más felices del mundo sólo necesitan saber que lo son. Muy a menudo, mientras conversamos, una de ellas mira a su alrededor y ve que sus vacas se meten en el campo de trigo y todas ellas echan a correr como si tuvieran alas en los talones. Yo, que no soy tan ágil, me quedo atrás y cuando las veo llevar su ganado a casa, pienso que va siendo hora de retirarme también. Después de cenar me voy al jardín o al borde de un riachuelo que pasa cerca y allí me siento y deseo que estés conmigo...»

Juraría que había en ella tela de escritora. Pero «aunque se pasara dos semanas sin dormir no llegaría ella a hacer tal cosa». El que una mujer con mucho talento para la pluma hubiera llegado a convencerse de que escribir un libro era una ridiculez y hasta una señal de perturbación mental, permite medir la oposición que flotaba en el aire a la idea de que una mujer escribiera.

Y así llegamos, proseguí, volviendo a colocar en el estante las cartas de Dorothy Osborne, a Aphra Behn.

Y con Mrs. Behn doblamos una vuelta muy importante del camino. Dejamos atrás, encerradas en sus parques, en medio de sus cuartillas, a estas grandes damas solitarias que escribieron sin auditorio ni crítica, para su propio deleite. Llegamos a la ciudad y nos mezclamos en las calles con la gente corriente. Mrs. Behn era una mujer de la clase media con todas las virtudes plebeyas de humor, vitalidad y coraje, una mujer obligada por la muerte de su marido y algunos infortunios personales a ganarse la vida con su ingenio. Tuvo que trabajar con los hombres en pie de igualdad. Logró, trabajando mucho, ganar bastante para vivir. Este hecho sobrepasa en importancia cuanto escribió, hasta su espléndido «Mil mártires he hecho» o «Sentado estaba el amor en fantástico triunfo», porque de entonces data la libertad de la mente, o mejor dicho, la posibilidad de que, con el tiempo, la mente llegue a ser libre de escribir lo que quiera. Porque ahora que Aphra Behn lo había hecho, las jóvenes podían ir y decir a sus padres: «No necesitáis darme dinero, puedo ganarlo con mi pluma.» Naturalmente, durante años, la respuesta fue: «Sí, llevando la vida de Aphra Behn. ¡Mejor la muerte!» Y la puerta se cerraba más de prisa que nunca. Este tema de interés profundo, el valor que le dan los hombres a la castidad femenina y su efecto sobre la educación de las mujeres, se ofrece aquí a la discusión y sin duda podría ser la base de un libro interesante si a alguna estudiante de Girton o Newham le interesara la empresa. Lady Dudley, sentada cubierta de diamantes entre los mosquitos de un páramo escocés, podría figurar en la portada. Lord Dudley, dijo *The Times* el otro día cuando murió Lady Dudley, «hombre de gustos refinados y realizador de importantes obras, era benevolente y generoso, pero caprichosamente despótico. Insistía en que su mujer vistiera siempre traje largo, hasta en el pabellón de caza más escondido de los Highlands; la cubrió de hermosas joyas», etcétera, «le dio cuanto quiso, salvo el menor grado de responsabilidad». Luego Lord Dudley tuvo un ataque y ella le cuidó y de ahí en adelante administró sus propiedades con suprema competencia.

Pero volvamos a lo que nos ocupa. Aphra Behn probó que era posible ganar dinero escribiendo, mediante el sacrificio quizá de algunas cualidades agradables; y así, poco a poco, el escribir dejó de ser señal de locura y perturbación mental y adquirió importancia práctica. Podía morirse el marido o algún desastre podía sobrecoger a la familia. Al ir avanzando el siglo dieciocho, cientos de mujeres se pusieron a aumentar sus alfileres o a ayudar a sus familias apuradas haciendo traducciones o escribiendo innumerables novelas malas que no han llegado siquiera a incluirse en los libros de texto, pero que todavía pueden encontrarse en los puestos de libros de lance de Charing Cross Road. La extrema actividad mental que se produjo entre las mujeres a finales del siglo dieciocho —las charlas y reuniones, los ensayos sobre Shakespeare, la traducción de los clásicos— se basaba en el sólido hecho de que las mujeres podían ganar dinero escribiendo. El dinero dignifica lo que es frívolo si no está pagado. Quizá seguía estando de moda burlarse de las «marisabidillas con la manía de garabatear», pero no se podía negar que podían poner dinero en su monedero. Así, pues, a finales del siglo dieciocho se produjo un cambio que yo, si volviera a escribir la Historia, trataría más extensamente y consideraría más importante que las Cruzadas o las Guerras de las Rosas. La mujer de la clase media empezó a escribir. Porque si *Orgullo y prejuicio* tiene alguna importancia, si *Middlemarch* y *Cumbres borrascosas* tienen alguna importancia, entonces tiene más importancia que lo que es posible demostrar en un discurso de una hora el hecho de que las mujeres en general, no sólo la aristócrata solitaria encerrada en su casa de campo, se pusieran a escribir. Sin estas predecesoras, ni Jane Austen, ni las Brontë, ni George Eliot hubieran podido escribir, del mismo modo que Shakespeare no hubiera podido escribir sin Marlowe, ni Marlowe sin Chaucer, ni Chaucer sin aquellos poetas olvidados que pavimentaron el camino y domaron el salvajismo natural de la lengua. Porque las obras maestras no son realizaciones individuales y solitarias; son el resultado de muchos años de pensamiento común, de modo que a través de la voz individual habla la experiencia de la masa. Jane Austen hubiera debido colocar una corona sobre la tumba de Fanny Burney, y George Eliot rendir homenaje a la robusta sombra de Eliza Carter, la valiente anciana que ató una campana a la cabecera de su cama para poder despertarse temprano y estudiar griego. Todas las mujeres juntas deberían echar flores sobre la tumba de Aphra Behn, que se encuentra, escandalosa pero justamente, en Westminster Abbey, porque fue ella quien conquistó para ellas el derecho de decir lo que les parezca. Es gracias a ella —pese a su fama algo dudosa y su inclinación al amor— que no resulta del todo absurdo que yo os diga esta tarde: «Ganad quinientas libras al año con vuestra inteligencia.»

Llegamos pues a los comienzos del siglo diecinueve. Y por primera vez hallé estantes enteros de libros escritos por mujeres. Pero ¿por qué eran todos, salvo muy pocas excepciones, novelas?, no pude dejar de preguntarme, recorriéndolos con los ojos. El impulso original era hacia la poesía. El «jefe supremo de la canción» era una poetisa. Tanto en Francia como en Inglaterra las poetisas preceden a las novelistas. Además, pensé, mirando los cuatro nombres famosos, ¿qué tenía George Eliot en común con Emily Brontë? ¿No es acaso sabido que Charlotte Brontë no entendió en absoluto a Jane Austen? Salvo por el hecho, sin duda importante, de que ninguna de ellas tuvo hijos, no hubieran podido reunirse en una habitación cuatro personajes más incongruentes, hasta el punto que siente uno la tentación de inventar una reunión y un diálogo entre ellas. Sin embargo, alguna fuerza extraña las empujó a todas, cuando escribieron, a escribir novelas. ¿Tenía esto algo que ver con ser de la clase media, me pregunté, y con el hecho, que Miss Davies debía demostrar tan brillantemente algo más tarde, de que a principios del siglo diecinueve las familias de la clase media no contaban más que con una sola sala de estar, común a todos los miembros de la familia? Una mujer que escribía tenía que hacerlo en la sala de estar común. Y, como lamentó con tanta vehemencia Miss Nightingale, «las mujeres nunca disponían de media hora... que pudieran llamar suya». Siempre las interrumpían. De todos modos, debió de ser más fácil escribir prosa o novelas en tales condiciones que poemas o una obra de teatro. Requiere menos concentración. Jane Austen escribió así hasta el final de sus días. «Que pudiera realizar todo esto, escribe su sobrino en sus memorias, es sorprendente, pues no contaba con un despacho propio donde retirarse y la mayor parte de su trabajo debió de hacerlo en la sala de estar común, expuesta a toda clase de interrupciones. Siempre tuvo buen cuidado de que no sospecharan sus ocupaciones los criados, ni las visitas, ni nadie ajeno a su círculo familiar.»[8] Jane Austen escondía sus manuscritos o los cubría con un secante. Por otro lado, toda la formación literaria con que contaba una mujer a principios del siglo diecinueve era práctica en la observación del carácter y el análisis de las emociones. Durante siglos habían educado su sensibilidad las influencias de la sala de estar. Los sentimientos de las personas se grababan en su mente, las relaciones entre ellas siempre estaban ante sus ojos. Por tanto, cuando la mujer de la clase media se puso a escribir, naturalmente escribió novelas, aunque, según se advierte fácilmente, dos de las cuatro mujeres famosas que hemos nombrado no eran novelistas por naturaleza. Emily Brontë hubiera debido escribir teatro poético y el sobrante de energía de la amplia mente de George Eliot hubiera debido emplearse, una vez gastado el impulso creador, en obras históricas

---

8. *Memoir of Jane Austen*, por su sobrino, James Edward Austen-Leigh.

o biográficas. Sin embargo, estas cuatro mujeres escribieron novelas; podría irse más lejos aún, dije, tomando en el estante *Orgullo y prejuicio*, y sostener que escribieron buenas novelas. Sin alardear ni tratar de herir al sexo opuesto, puede decirse que *Orgullo y prejuicio* es un buen libro. En todo caso, a uno no le hubiera avergonzado que le sorprendieran escribiendo *Orgullo y prejuicio*. No obstante, Jane Austen se alegraba de que chirriara el gozne de la puerta para poder esconder su manuscrito antes de que entrara nadie. A los ojos de Jane Austen había algo vergonzoso en el hecho de escribir *Orgullo y prejuicio*. Y, me pregunto, ¿hubiera sido *Orgullo y prejuicio* una novela mejor si a Jane Austen no le hubiera parecido necesario esconder su manuscrito para que no lo vieran las visitas? Leí una página o dos para ver, pero no pude encontrar señal alguna de que las circunstancias en que escribió el libro hubieran afectado en absoluto su trabajo. Éste es, quizás, el mayor milagro de todos. Había, alrededor del año 1880, una mujer que escribía sin odio, sin amargura, sin temor, sin protestas, sin sermones. Así es como escribió Shakespeare, pensé mirando *Antonio y Cleopatra*; y cuando la gente compara a Shakespeare y a Jane Austen, quizá quiere decir que las mentes de ambos habían quemado todos los obstáculos; y por este motivo no conocemos a Jane Austen ni conocemos a Shakespeare, y por este motivo Jane Austen está presente en cada palabra que escribe y Shakespeare también. Si Jane Austen sufrió en algún modo por culpa de las circunstancias, fue de la estrechez de la vida que le impusieron. Una mujer no podía entonces ir sola por las calles. Nunca viajó; nunca cruzó Londres en ómnibus ni almorzó sola en una tienda. Pero quizá por carácter Jane Austen no solía desear lo que no tenía. Su talento y su modo de vida se acoplaron perfectamente. Pero dudo de que éste fuera el caso de Charlotte Brontë, dije abriendo *Jane Eyre* y posándolo al lado de *Orgullo y prejuicio*.

Lo abrí en el capítulo doce y detuvo mi mirada la frase: «Quien quiera censurarme que lo haga.» ¿Qué le reprochaban a Charlotte Brontë?, me pregunté. Y leí que Jane Eyre solía subir al tejado cuando Mrs. Fairfax estaba haciendo jaleas y miraba por encima de los campos hacia las lejanías. Y entonces suspiraba —y esto es lo que le reprochaban.

> Entonces suspiraba por tener un poder de visión que sobrepasara aquellos límites; que alcanzara el mundo activo, las ciudades, las regiones llenas de vida de las que había oído hablar, pero que nunca había visto; deseaba más experiencia práctica de la que poseía; más contacto con la gente de mi especie, trato con una variedad de caracteres mayor de la que se hallaba allí a mi alcance. Valoraba lo que había de bueno en Mrs. Fairfax y lo que había de bueno en Adela, pero creía en la existencia de formas distintas y más vívidas de bondad y aquello en lo que creía deseaba tenerlo.
>
> ¿Quién me censura? Muchos, no cabe duda, y me llamarán descontenta. No podía evitarlo: la inquietud formaba parte de mi carácter; me agitaba a veces hasta el dolor...
>
> Es vano decir que los humanos deberían estar satisfechos con la quietud: necesitan acción; y si no la encuentran, la fabrican. Son millones los que se hallan

condenados a un destino más tranquilo que el mío y millones los que se rebelan en silencio contra su suerte. Nadie sabe cuántas rebeliones fermentan en las aglomeraciones humanas que pueblan la tierra. Se da por descontado que en general las mujeres son muy tranquilas; pero las mujeres sienten lo mismo que los hombres; necesitan ejercitar sus facultades y disponer de terreno para sus esfuerzos lo mismo que sus hermanos; sufren de las restricciones demasiado rígidas, de un estancamiento demasiado absoluto, exactamente igual que sufrirían los hombres en tales circunstancias. Y denota estrechez de miras por parte de sus semejantes más privilegiados el decir que deberían limitarse a hacer postres y hacer calcetines, a tocar el piano y bordar bolsos. Es necio condenarlas o burlarse de ellas cuando tratan de hacer algo más o aprender más cosas de las que la costumbre ha declarado necesarias para su sexo.

Cuando me encontraba así sola, más de una vez oía la risa de Grace Poole...

Una interrupción un poco abrupta, pensé. Es penoso tropezar de pronto con Grace Poole. Perturba la continuidad. Se diría, proseguí, posando el libro junto a *Orgullo y prejuicio*, que la mujer que escribió estas páginas era más genial que Jane Austen, pero si uno las lee con cuidado, observando estas sacudidas, esta indignación, comprende que el genio de esta mujer nunca logrará manifestarse completo e intacto. En sus libros habrá deformaciones, desviaciones. Escribirá con furia en lugar de escribir con calma. Escribirá alocadamente en lugar de escribir con sensatez. Hablará de sí misma en lugar de hablar de sus personajes. Está en guerra contra su suerte. ¿Cómo hubiera podido evitar morir joven, frustrada y contrariada?

Me entretuve un momento, no pude impedírmelo, con la idea de lo que hubiera ocurrido si Charlotte Brontë hubiese tenido, pongamos, trescientas libras al año —pero la insensata vendió de una sola vez sus novelas por mil quinientas libras—, si hubiera tenido más conocimiento del mundo activo, y de las ciudades, y de las regiones llenas de vida, más experiencia práctica, si hubiera tenido contacto con gente de su tipo y tratado a una variedad de caracteres. Con estas palabras señala ella misma no sólo, exactamente, sus propios defectos de novelista, sino los de su sexo en aquella época. Sabía mejor que nadie cuantísimo se hubiese beneficiado su genio si no lo hubiese desperdiciado en contemplaciones solitarias de los campos distantes; si le hubieran sido otorgados la experiencia, el contacto con el mundo y los viajes. Pero no le fueron otorgados, le fueron negados; y debemos aceptar el hecho de que estas buenas novelas, *Villette*, *Emma*, *Cumbres borrascosas*, *Middlemarch*, las escribieron mujeres sin más experiencia de la vida de la que podía entrar en la casa de un respetable sacerdote; que las escribieron además en la sala de estar común de esta respetable casa y que estas mujeres eran tan pobres que no podían comprar más que unas cuantas manos de papel a la vez para escribir *Cumbres borrascosas* o *Jane Eyre*. Una de ellas, es cierto, George Eliot, escapó tras muchas tribulaciones, pero sólo a una villa apartada de St. John's Wood. Y allí se estableció, a la sombra de la desaprobación del mundo. «Deseo que quede bien claro, escribió, que nunca invitaré a venir a verme a nadie que no me pida que le invite»; porque ¿acaso no vivía en el pecado con un hombre casado y el verla no hubiera dañado la castidad de Mrs. Smith o de cualquiera a quien se le hubiera ocurrido ir a visitarla? Una debía someterse a las convenciones sociales y «apartarse de lo que se suele llamar el mundo». Al mismo tiempo, en la otra punta de Europa, un joven vivía libremente con esta gitana o aquella gran dama, iba a la guerra, recogía sin obstáculos ni críticas toda esta experiencia variada de la vida humana que tan espléndidamente debía servirle más tarde, cuando se puso a escribir sus libros. Si Tolstoi hubiese vivido encerrado en The Priory con una dama casada, «apartado de lo que se suele llamar el mundo», por edificante que hubiera sido la lección moral, difícilmente, pensé, hubiera podido escribir *Guerra y paz*.

Pero quizá podríamos profundizar un poco la cuestión de escribir novelas y del efecto del sexo sobre el novelista. Si cerramos los ojos y pensamos en la novela en conjunto, se nos aparece como una visión de la vida en un espejo, aunque, naturalmente, con innumerables simplificaciones y deformaciones. En todo caso, es una estructura que imprime una forma en el ojo de la mente, una forma construida, ora con cuadrados, ora en forma de pagoda, ora con alas y arcos, ora sólidamente compacta y con un domo como la catedral de Santa Sofía de Constantinopla. Esta forma, pensé, recordando algunas novelas famosas, suscita en nosotros el tipo de emoción que le es adecuada. Pero esta emoción en seguida se funde con otras, pues la «forma» no se basa en la relación entre piedra y piedra, sino en la relación entre seres humanos. Una novela suscita pues en nosotros una serie de emociones antagónicas y opuestas. La vida entra en conflicto con algo que no es la vida. De ahí la dificultad de llegar a acuerdo alguno sobre las novelas y la influencia inmensa que nuestros prejuicios personales tienen sobre nosotros. Por un lado, sentimos que Tú —Juan, el héroe— debes vivir o caeré en la desesperación más honda. Por otro lado sentimos que, pobre Juan, debes morir, pues la forma del libro lo requiere. La vida se halla en conflicto con algo que no es la vida. Por tanto, ya que en parte es la vida, como la vida lo juzgamos. Jaime es la clase de hombre que más odio, dice uno. O, esto es un fárrago absurdo, nunca podría sentir algo parecido yo mismo. Toda la estructura, es evidente, si se piensa en las novelas famosas, es de una complejidad infinita, porque está hecha de muchos juicios, muchas distintas clases de emoción. Lo sorprendente es que un libro así compuesto se aguante en pie más de un año o dos, o le diga al lector inglés lo que le dice al lector ruso o chino. Pero algunos se aguantan de modo notable. Y lo que los aguanta en pie, en estos raros casos de supervivencia (pensaba en *Guerra y paz*), es algo que llamamos integridad, aunque no tiene nada que ver con el pagar las facturas o el comportarse honorablemente en una emergencia. Lo que entendemos por integridad, en el caso de un novelista, es la convicción que experimentamos de que nos dice la verdad. Sí, piensa uno, nunca hubiera creído que esto pudiera ser cierto, nunca he conocido a gente que se comportara así, pero me ha convencido usted de que la hay, de que así ocurren las cosas. Mientras leemos, ponemos cada frase, cada escena bajo la luz, pues la Naturaleza, cosa muy curiosa, parece habernos dotado de una luz interior que nos permite juzgar la integridad o la falta de integridad del novelista. O, mejor dicho, quizá la Naturaleza, en su humor más irracional, ha trazado con tinta invisible en las paredes de la mente un presentimiento que estos grandes artistas confirman; un esbozo que basta acercar al fuego del genio para que se vuelva visible. Cuando lo exponemos al fuego y lo vemos cobrar vida, exclamamos extasiados: «¡Pero si esto es lo que siempre he sentido, y sabido, y deseado!» Y uno rebosa excitación y cerrando el libro con una especie de reverencia como si fuera algo muy precioso, un refugio al que podrá recurrir mientras viva, vuelve a ponerlo en el estante, dije, tomando *Guerra y paz* y volviendo a ponerlo en su sitio. Si, por el contrario, estas pobres frases que escogemos y sometemos a la prueba suscitan primero una reacción rápida y ávida con su brillante colorido y sus gestos vivos, pero luego se paran, como si algo detuviera su desarrollo; o si lo único que vemos es un garabateo impreciso en un rincón y un borrón en otro y nada aparece entero e intacto, suspiramos defraudados y decimos: otro fracaso. Esta novela falla en algún sitio.

Y la mayoría de las novelas, naturalmente, fallan en algún sitio. La imaginación vacila bajo la enorme presión. La percepción se nubla; deja de distinguir entre lo verdadero y lo falso; no tiene fuerzas para proseguir la enorme tarea, que en todo momento requiere el uso de tan diversas facultades. Pero ¿de qué modo puede afectar todo esto el sexo del novelista?, me pregunté, mirando *Jane Eyre* y los demás libros. ¿Puede el sexo del novelista influir en su integridad, esta integridad que considero la columna vertebral del escritor? Ahora bien, en los fragmentos de *Jane Eyre* que he citado se ve claramente que la cólera empañaba la integridad de Charlotte Brontë novelista. Abandonó la historia, a la que debía toda su devoción, para atender una queja personal. Se acordó de que la habían privado de la parte de experiencia que le correspondía, de que la habían hecho estancarse en una rectoría remendando medias cuando ella hubiera querido andar libre por el mundo. La indignación hizo desviar su imaginación y la sentimos desviarse. Pero muchas otras influencias aparte de la cólera tiraban de su imaginación y la apartaban de su sendero. La ignorancia, por ejemplo. El retrato de Rochester está trazado a ciegas. Sentimos en él la influencia del temor; del mismo modo que percibimos constantemente en la obra de Charlotte Brontë una acidez, resultado de la opresión, un sufrimiento enterrado que late bajo la pasión, un rencor que contrae aquellos libros, por espléndidos que sean, con un espasmo de dolor.

Y puesto que las novelas tienen esta analogía con la vida real, sus valores son hasta cierto punto los de la vida real. Pero muy a menudo, es evidente, los valores de las mujeres difieren de los que ha implantado el otro sexo; es natural que sea así. No obstante, son los valores masculinos los que prevalecen. Hablando crudamente, el fútbol y el deporte son «importantes»; la adoración de la moda, la compra de vestidos, «triviales». Y estos valores son inevitablemente transferidos de la vida real a la literatura. Este libro es importante, el crítico da por descontado, porque trata de la guerra. Este otro es insignificante porque trata de los sentimientos de mujeres sentadas en un salón. Una escena que transcurre en un campo de batalla es más importante que una que transcurre en una tienda. En todos los terrenos y con mucha más sutileza persiste la diferencia de valores. Por tanto, toda la estructura de las novelas de principios del siglo diecinueve escritas por mujeres la trazó una mente algo apartada de la línea recta, una mente que tuvo que alterar su clara visión en deferencia a una autoridad externa. Basta hojear aquellas viejas novelas olvidadas y escuchar el tono de voz en que están escritas para adivinar que el autor era objeto de críticas; decía tal cosa con fines agresivos, tal otra con fines conciliadores. Admitía que era «sólo una mujer» o protestaba que «valía tanto como un hombre». Según su temperamento, reaccionaba ante la crítica con docilidad y modestia o con cólera y énfasis. No importa cuál; estaba pensando en algo que no era la obra en sí. Desciende su libro sobre nuestras cabezas. En su centro hay un defecto. Y pensé en todas las novelas escritas por mujeres que se hallaban desparramadas, como manzanas picadas en un vergel, por las librerías de lance londinenses. Las había podrido este defecto que tenían en el centro. Su autor había alterado sus valores en deferencia a la opinión ajena.

Pero debió de serles imposible a las mujeres no oscilar hacia la derecha o la izquierda. Qué genio, qué integridad debieron de necesitar, frente a tantas críticas, en medio de aquella sociedad puramente patriarcal, para aferrarse, sin apocarse, a la cosa tal como la veían.

Sólo lo hicieron Jane Austen y Emily Brontë. Esto añade una pluma, quizá la mejor, a su tocado. Escriben como escriben las mujeres, no como escriben los hombres. De todos los miles de mujeres que escribieron novelas en aquella época, sólo ellas desoyeron por completo la perpetua amonestación del eterno pedagogo: escribe esto, piensa lo otro. Sólo ellas fueron sordas a aquella voz persistente, ora quejosa, ora condescendiente, ora dominante, ora ofendida, ora chocada, ora furiosa, ora avuncular, aquella voz que no puede dejar en paz a las mujeres, que tiene que meterse con ellas, como una institutriz demasiado escrupulosa, conjurándolas, como Sir Egerton Brydges, de que sean refinadas, mezclando hasta en la crítica poética la crítica sexual,[9] invitándolas, si quieren ser buenas y generosas y ganar, supongo, un premio reluciente, a no sobrepasar ciertos límites que al caballero en cuestión le parecían adecuados: «... Las mujeres novelistas deberían sólo aspirar a la excelencia reconociendo valientemente las limitaciones de su sexo.»[10] Esto resume el asunto, y si os digo ahora, lo que sin duda os sorprenderá, que esta frase no fue escrita en agosto de 1828 sino en agosto de 1928, estaréis de

---

9. «Tiene un objetivo metafísico, obsesión peligrosa, particularmente en una mujer, ya que las mujeres raramente poseen el saludable amor masculino a la retórica. Esta carencia sorprende en el sexo que es, en otras cosas, más primitivo y más materialista.» *New Criterion*, junio de 1928.

10. «Si cree usted, como quien escribe estas líneas, que las mujeres novelistas deberían sólo aspirar a la excelencia reconociendo valientemente las limitaciones de su sexo (Jane Austen [ha] demostrado que esta actitud puede adoptarse graciosamente...).» *Life and Letters*, agosto de 1928.

acuerdo conmigo en que, por deliciosa que ahora nos parezca, no deja de representar un sector de la opinión —no voy a remover viejas aguas, me limito a recoger lo que se ha venido flotando casualmente hasta mis pies— que era mucho más vigoroso y ruidoso hace un siglo. En 1828 una joven hubiera tenido que ser muy valiente para no prestar atención a estos desdenes, estas repulsas y estas promesas. Hubiera tenido que ser un elemento algo rebelde para decirse a sí misma: Oh, pero no podéis comprar hasta la literatura. La literatura está abierta a todos. No te permitiré, por más bedel que seas, que me apartes de la hierba. Cierra con llave tus bibliotecas, si quieres, pero no hay barrera, cerradura, ni cerrojo que puedas imponer a la libertad de mi mente.

Pero fuese cual fuese el efecto del desaliento y de la crítica sobre su obra —y creo que debió de ser muy grande—, tenía poca importancia junto a la otra dificultad con que tropezaban (sigo pensando en las novelistas de principios del siglo diecinueve) cuando se decidían a transcribir al papel sus pensamientos, la de que no tenían tras de sí ninguna tradición o una tradición tan corta y parcial que les era de poca ayuda. Porque, si somos mujeres, nuestro contacto con el pasado se hace a través de nuestras madres. Es inútil que acudamos a los grandes escritores varones en busca de ayuda, por más que acudamos a ellos en busca de deleite. Lamb, Browne, Thackeray, Newman, Sterne, Dickens, De Quincey —cualquiera— nunca han ayudado hasta ahora a una mujer, aunque es posible que le hayan enseñado algunos trucos que ella ha adoptado para su uso. El peso, el paso, la zancada de la mente masculina son demasiado distintos de los de la suya para que pueda recoger nada sólido de sus enseñanzas. El mono queda demasiado lejos para ser de alguna ayuda. Quizá lo primero que descubrió la mujer al coger la pluma es que no existía ninguna frase común lista para su uso. Todos los grandes novelistas como Thackeray, Dickens y Balzac han escrito una prosa natural, rápida sin ser descuidada, expresiva sin ser afectada, adoptando su propio matiz sin dejar de ser propiedad común. La basaron en la frase que era corriente en su tiempo. La frase corriente a principios del siglo diecinueve venía a ser, diría, algo así: «La grandeza de sus obras era a sus ojos un argumento en favor, no de detenerse, sino de proseguir. No podía conocer mayor emoción ni satisfacción que el ejercicio de su arte y la generación inacabable de la verdad y la belleza. El éxito impulsa al esfuerzo; el hábito facilita el éxito.» Esto es una frase de hombre; detrás de ella asoman Johnson, Gibbon y todo el resto. Era una frase inadecuada para una mujer. Charlotte Brontë, pese a sus espléndidas dotes de prosista, con esta arma torpe en las manos se tambaleó y cayó. George Eliot cometió con ella atrocidades imposibles de describir. Jane Austen la miró, se rió de ella e inventó una frase perfectamente natural, bien formada, que le era adecuada, y nunca se apartó de ella. Así pues, con menos genio literario que Charlotte Brontë, logró decir muchísimo más. No cabe duda que, siendo la libertad y la plenitud de expresión parte de la esencia del arte, esa falta de tradición, esa escasez e impropiedad de los instrumentos deben de haber pesado enormemente sobre las obras femeninas. Además, los libros no están hechos de frases colocadas unas tras otras, sino de frases construidas, valga la imagen, en arcos y domos. Y también esta forma la han instituido los hombres de acuerdo con sus propias necesidades y para sus propios usos. No hay más motivo para creer que les conviene a las mujeres la forma del poema épico o de la obra de teatro poética que para creer que les conviene la frase masculina. Pero todos los géneros literarios más antiguos ya estaban plasmados, coagulados cuando la mujer empezó a escribir. Sólo la novela era todavía lo bastante joven para ser blanda en sus manos, otro motivo quizá por el que la mujer escribió novelas. Y aun ¿quién podría afirmar que «la novela» (lo escribo entre comillas para indicar mi sentido de la impropiedad de las palabras), quién podría afirmar que esta forma más flexible que las otras sí tiene la configuración adecuada para que la use la mujer? No cabe duda que algún día, cuando la mujer disfrute del libre uso de sus miembros, le dará la configuración que desee y encontrará igualmente un vehículo, no forzosamente en verso, para expresar la poesía que lleva dentro. Porque la poesía sigue siendo la salida prohibida. Y traté de imaginar cómo escribiría hoy en día una mujer una tragedia poética en cinco actos. ¿Usaría el verso? ¿O más bien usaría la prosa?

Pero éstas son preguntas difíciles que yacen en la penumbra del futuro. Debo dejarlas de lado, aunque sólo sea porque me incitan a apartarme de mi tema y adentrarme en bosques sin sendero donde me perdería y donde, muy probablemente, me devorarían las fieras. No quiero lanzarme, y estoy segura de que vosotras tampoco queréis que me lance, en este tema lúgubre, el porvenir de la novela, de modo que sólo me detendré un momento, para haceros reparar en el papel importante que, en lo que respecta a las mujeres, las condiciones físicas deberán desempeñar en este porvenir. El libro tiene que adaptarse en cierto modo al cuerpo y, hablando al azar, diría que los libros de las mujeres deberían ser más cortos, más concentrados que los de los hombres y construidos de modo que no requieran largos ratos de trabajo regular e ininterrumpido. Porque interrupciones siempre las habrá. También, los nervios que alimentan el cerebro parecen ser diferentes en el hombre y la mujer y si queréis que la mujer trabaje lo mejor y lo más que pueda, hay que encontrar qué trato le conviene, saber si estas horas de clase, por ejemplo, que establecieron los monjes, supongo, hace cientos de años, les convienen, cómo alternar el trabajo y el descanso, y por descanso no entiendo el no hacer nada, sino el hacer algo distinto. Y ¿cuál debería ser esta diferencia? Habría que discutir y descubrir todo esto; todo ello forma parte del tema las mujeres y la novela. Y, sin embargo, proseguí acercándome de nuevo a los estantes, ¿dónde encontraré este estudio detallado de la psicología femenina hecho por una mujer? Si porque las mujeres no pueden jugar al fútbol no les van a permitir que practiquen la medicina...

Afortunadamente, mis pensamientos tomaron aquí otro rumbo.

CAPÍTULO 5

Había llegado por fin, en mi recorrido, a los estantes en que se hallaban los libros de autores vivientes, de autores de uno y otro sexo; porque ahora hay casi tantos libros escritos por mujeres como libros escritos por hombres. O, si esto no es del todo cierto todavía, si el varón sigue siendo el sexo locuaz, sí es cierto que las mujeres ya no escriben exclusivamente novelas. Hay los libros de Jane Harrison sobre arqueología griega, los de Vernon Lee sobre estética, los de Gertrude Bell sobre Persia. Hay libros sobre toda clase de temas que hace una generación ninguna mujer hubiera podido tocar. Hay libros de poemas, y obras de teatro, y libros de crítica; hay libros de historia y biografías, libros de viajes y libros de alta erudición e investigación; hay incluso algunos libros de filosofía y algunos de ciencias y economía. Y aunque las novelas predominan, también las novelas, posiblemente, han cambiado al codearse con libros de otras categorías. La simplicidad natural, la fase épica de la literatura femenina quizás haya tocado a su fin. La lectura y la crítica han abierto posiblemente a la mujer nuevos horizontes, le han dado mayor sutileza. El impulso hacia la autobiografía quizá ya se haya consumido. Quizás ahora la mujer está empezando a utilizar la escritura como un arte, no como un medio de autoexpresión. Entre estas nuevas novelas quizá se pueda encontrar respuesta a varias de estas preguntas.

Tomé un libro al azar. Se encontraba al final del estante, se llamaba *La aventura de la vida* o algo por el estilo, estaba escrito por Mary Carmichael y había salido este mismo mes de octubre. Parece ser su primer libro, me dije, pero debe leerse como si fuera el último volumen de una serie bastante larga, la continuación de todos los demás libros que había hojeado: los poemas de Lady Winchilsea, las obras teatrales de Aphra Behn y las novelas de las cuatro grandes novelistas. Porque los libros se siguen los unos a los otros, pese a nuestra costumbre de juzgarlos separadamente. Y también debo considerarla a ella —esta mujer desconocida— como la descendiente de todas estas mujeres sobre cuya vida he echado una breve ojeada y ver cuáles de sus características y de las restricciones que les fueron impuestas ha heredado. Así, pues, con un suspiro, porque tan a menudo las novelas constituyen un anodino más bien que un antídoto y nos hacen caer poco a poco en su sueño letárgico en lugar de excitarnos como una tea encendida, me dispuse, provista de lápiz y cuaderno, a juzgar la primera novela de Mary Carmichael, *La aventura de la vida*. Para empezar, recorrí rápidamente la página de arriba abajo con la mirada. Voy a familiarizarme primero con el ritmo de su frase, dije, antes de cargarme la memoria de ojos azules y marrones y de la relación que une a Chloe y Roger. Ya me quedará tiempo para esto cuando haya decidido si la autora tiene en la mano una pluma o un zapapico. Leí en voz alta una o dos frases. Pronto me di cuenta de que algo fallaba. El suave deslizarse de una frase tras otra se interrumpía. Algo se rasgaba, algo arañaba; alguna palabra aislada encendía su antorcha ante mis ojos. La autora «se soltaba», como dicen en las viejas comedias. Parece una persona que frota una cerilla que no quiere encenderse, pensé. Pero ¿por qué no tienen las frases de Jane Austen la forma adecuada para ti?, le pregunté como si hubiera estado presente. ¿Deben suprimirse todas porque Emma y Mr. Woodhouse están muertos? Lástima que así sea, suspiré. Pues así como Jane Austen boga de melodía en melodía como Mozart de canción en canción, leer esta escritura era como hallarse en la mar en una barca descubierta. Ahora subíamos, ahora nos hundíamos. Esta concisión, esta brevedad, quizás indicaban que la autora estaba asustada de algo; asustada de que la llamaran sentimental, quizás; o quizá se acuerda de que el estilo femenino ha sido tachado de florido y añade espinas superfluas; pero hasta que no haya leído una escena con cuidado no podré estar segura de si es ella misma o trata de ser otra persona. En todo caso, no debilita la vitalidad del lector, pensé leyendo más atentamente. Pero acumula demasiados hechos. No podrá utilizar ni la mitad en un libro de este tamaño. (Venía a ser la mitad de *Jane Eyre*.) No obstante, se las arregló para embarcarnos a todos —Roger, Chloe, Tony y Mr. Bigham— en una canoa que subía el río. Espera un momento, dije reclinándome en la silla, debo considerar la cosa con más cuidado antes de proseguir.

Estoy casi segura de que Mary Carmichael nos está haciendo una jugarreta. Porque siento lo que se siente en las montañas rusas cuando el vagón, en lugar de caer como se espera, de pronto gira y sube. Mary nos está descomponiendo la serie de efectos esperada. Primero rompió la frase; ahora ha roto la secuencia. Muy bien, está en su pleno derecho de hacer ambas cosas, mientras no las haga con la mera intención de romper, sino con la de crear. De cuál se trata no voy a estar segura hasta que no se haya enfrentado con una situación. La dejaré del todo libre de escoger esta situación, dije; la puede fabricar con latas de conservas o viejos calderos, si quiere; pero debe convencerme de que cree que es una situación; y luego, cuando la haya fabricado, debe enfrentarse con ella. Debe dar el salto. Y, decidida a cumplir para con ella con mi deber de lectora si ella cumplía para conmigo con su deber de escritora, volví la página y leí... Siento interrumpirme de modo tan abrupto. ¿No hay ningún hombre presente? ¿Me prometéis que detrás de aquella cortina roja no se esconde la silueta de Sir Chartres Biron? ¿Me aseguráis que somos todas mujeres? Entonces, puedo deciros que las palabras que a continuación leí eran exactamente éstas: «A Chloe le gustaba Olivia...» No os sobresaltéis. No os ruboricéis. Admitamos en la intimidad de nuestra propia sociedad que estas cosas ocurren a veces. A veces a las mujeres les gustan las mujeres.

«A Chloe le gustaba Olivia», leí. Y entonces me di

cuenta de qué inmenso cambio representaba aquello. Era quizá la primera vez que en un libro a Chloe le gustaba Olivia. A Cleopatra no le gustaba Octavia. ¡Y qué diferente hubiera sido *Antonio y Cleopatra* si le hubiese gustado! Tal como fue escrita la obra, pensé, dejando, lo admito, que mi pensamiento se apartase de *La aventura de la vida*, todo queda simplificado, absurdamente convencionalizado, si me atrevo a decir tal cosa. El único sentimiento que Octavia le inspira a Cleopatra son celos. ¿Es más alta que yo? ¿Cómo se peina? La obra quizá no requería más. Pero qué interesante hubiera sido si la relación entre las dos mujeres hubiera sido más complicada. Todas las relaciones entre mujeres, pensé recorriendo rápidamente la espléndida galería de figuras femeninas, son demasiado sencillas. Se han dejado tantas cosas de lado, tantas cosas sin intentar. Y traté de recordar entre todas mis lecturas algún caso en que dos mujeres hubieran sido presentadas como amigas. Se ha intentado vagamente en *Diana of the Crossways*. Naturalmente, hay las confidentes del teatro de Racine y de las tragedias griegas. De vez en cuando hay madres e hijas. Pero casi sin excepción se describe a la mujer desde el punto de vista de su relación con hombres. Era extraño que, hasta Jane Austen, todos los personajes femeninos importantes de la literatura no sólo hubieran sido vistos exclusivamente por el otro sexo, sino desde el punto de vista de su relación con el otro sexo. Y ésta es una parte tan pequeña de la vida de una mujer... Y qué poco puede un hombre saber siquiera de esto observándolo a través de las gafas negras o rosadas que la sexualidad le coloca sobre la nariz. De ahí, quizá, la naturaleza peculiar de la mujer en la literatura; los sorprendentes extremos de su belleza y su horror; su alternar entre una bondad celestial y una depravación infernal. Porque así es cómo la veía un enamorado, según su amor crecía o menguaba, según era un amor feliz o desgraciado. Esto no se aplica a las novelas del siglo diecinueve, naturalmente. La mujer adquiere entonces más matices, se hace complicada. De hecho, quizá fue el deseo de escribir sobre las mujeres lo que impulsó a los hombres a abandonar gradualmente el teatro poético, que con su violencia podía hacer poco uso de ellas, y a inventar la novela como receptáculo más adecuado. Aun así, es evidente, hasta en la obra de Proust, que a los hombres les cuesta mucho conocer a la mujer y la miran con parcialidad, tal como les ocurre a las mujeres con los hombres.

Además, proseguí, volviendo de nuevo los ojos hacia la página, se está viendo cada vez más claramente que las mujeres tienen, como los hombres, otros intereses, aparte de los intereses perennes de la domesticidad. «A Chloe le gustaba Olivia. Compartían un laboratorio...» Seguí leyendo y descubrí que estas dos jóvenes se ocupaban de machacar hígado, que es, según parece, una cura para la anemia perniciosa; aunque una de ellas estaba casada y tenía —no creo equivocarme— dos niños de corta edad. Ahora bien, todo esto antes se tuvo que dejar de lado, naturalmente, y el espléndido retrato literario de la mujer resulta extremadamente sencillo y monótono. Supongamos, por ejemplo, que en la literatura se presentara a los hombres sólo como los amantes de mujeres y nunca como los amigos de hombres, como soldados, pensadores, soñadores; ¡qué pocos papeles podrían desempeñar en las tragedias de Shakespeare! ¡Cómo sufriría la literatura! Quizá nos quedase la mayor parte de Otelo y buena parte de Antonio; pero no tendríamos a César, ni a Bruto, ni a Hamlet, ni a Lear, ni a Jaques. La literatura se empobrecería considerablemente, de igual modo que la ha empobrecido hasta un punto indescriptible el que tantas puertas les hayan sido cerradas a las mujeres. Casadas en contra de su voluntad, forzadas a permanecer en una sola habitación, a hacer una única tarea, ¿cómo hubiera podido un dramaturgo hacer de ellas una descripción completa, interesante y verdadera? El amor era el único intérprete posible. El poeta se veía obligado a ser apasionado o amargo, a menos que decidiera «odiar a las mujeres», lo que muy a menudo era señal de que tenía poco éxito con ellas.

Ahora bien, si a Chloe le gusta Olivia y comparten un laboratorio, lo que en sí ya hará su amistad más variada y duradera, pues será menos personal; si Mary Carmichael sabe escribir, y yo empezaba a saborear cierta calidad en su estilo; si cuenta con una habitación propia, de lo que no estoy del todo segura; si cuenta con quinientas libras al año —esto falta probarlo—, entonces creo que ha sucedido algo muy importante.

Porque si a Chloe le gusta Olivia y Mary Carmichael sabe expresarlo, encenderá una antorcha en esta gran cámara donde nadie ha penetrado todavía. Allí todo son medias luces y sombras profundas, como en estas cavernas tortuosas en que uno avanza con una vela en la mano, escudriñando por todos lados, sin saber dónde pisa. Y me puse de nuevo a leer el libro y leí que Chloe miraba a Olivia colocar un tarro en un estante y decía que era hora de volver a casa, donde la esperaban los niños. Visión así jamás se ha visto desde que empezó el mundo, exclamé. Y yo también miré, con mucha curiosidad. Porque quería ver cómo se las arreglaba Mary Carmichael para captar estos gestos jamás plasmados, estas palabras jamás dichas o dichas a medias, que se forman, no más palpables que las sombras de las polillas en el techo, cuando las mujeres están solas y no las ilumina la luz caprichosa y colorada del otro sexo. Para lograrlo tendrá que contener un momento la respiración, dije prosiguiendo mi lectura; porque las mujeres desconfían tanto de cualquier interés que no justifiquen motivos muy visibles, están tan terriblemente acostumbradas a vivir escondidas y refrenadas que se esfuman a la primera ojeada observadora que les echan. El único medio, pensé, dirigiéndome a Mary Carmichael como si hubiera estado allí, sería hablar de alguna otra cosa, mirando fijamente por la ventana, y anotar, no con un lápiz en un cuaderno, sino con la más breve de las taquigrafías, con palabras que todavía no tienen sílabas, casi, lo que ocurre cuando Olivia —este organismo que ha estado aproximadamente un millón de años bajo la sombra de la roca— queda expuesta a la luz y ve llegar hacia ella un extraño manjar: el conocimiento, la aventura, el arte. Y alarga la mano para cogerlo, pensé, levantando de nuevo la vista del libro, y tiene que encontrar una combinación enteramente nueva de sus recursos, tan altamente desarrollados para otros fines, para incorporar lo nuevo a lo viejo sin perturbar el equilibrio infinitamente complejo y sabio del total.

Pero, ay de mí, había hecho lo que estaba decidida a

no hacer: había caído sin pensar en la alabanza de mi propio sexo. «Altamente desarrollados, infinitamente complejos» eran, innegablemente, términos de alabanza, y el alabar al propio sexo es siempre sospechoso y a menudo tonto; además, en este caso, ¿cómo justificarlo? No podía coger un mapa y decir que Colón había descubierto América y que Colón era una mujer; o tomar una manzana y decir que Newton había descubierto las leyes de la gravitación y que Newton era una mujer; o mirar el cielo y decir que pasaban unos aviones y que los aviones habían sido inventados por una mujer. No hay ninguna marca en la pared que mida la altura exacta de las mujeres. No hay medidas con yardas limpiamente divididas en pulgadas que permitan medir las cualidades de una buena madre o la devoción de una hija, la fidelidad de una hermana o la eficiencia de un ama de casa. Son pocas, incluso hoy día, las mujeres que han sido valoradas en las universidades; apenas se han sometido a las grandes pruebas de las profesiones libres, del Ejército, de la Marina, del comercio, de la política y de la diplomacia. Siguen, todavía hoy día, casi sin clasificar. Pero si quiero saber cuánto puede decirme un ser humano sobre Sir Hawley Butts, por ejemplo, no tengo más que abrir los almanaques de Burke o Debrett y sabré que se graduó en tal y cual especialidad, posee una propiedad, tiene un heredero, fue secretario de una junta, representó a la Gran Bretaña en el Canadá y que se le han otorgado un cierto número de títulos, cargos, medallas y otras distinciones que imprimen en él de modo indeleble sus méritos. Sólo la Providencia puede saber más cosas sobre Sir Hawley Butts.

Por tanto, cuando digo «altamente desarrollados», «infinitamente complejos» refiriéndome a las mujeres, no puedo comprobar la exactitud de mis palabras en los almanaques de Whitaker o Debrett o el Almanaque de la Universidad. ¿Qué hacer en tal situación? Y miré de nuevo los estantes. Había las biografías: Johnson, Goethe, Carlyle, Sterne, Cowper, Shelley, Voltaire, Browning y muchos más. Y me puse a pensar en todos aquellos grandes hombres que, por un motivo u otro, han admirado, suspirado por, vivido con, hecho confidencias a, hecho el amor a, escrito sobre, confiado en y dado muestras de lo que sólo puede describirse como cierta necesidad y dependencia de algunas personas del sexo opuesto. Que todas estas relaciones fueran estrictamente platónicas no me atrevería a afirmarlo y Sir William Joynson Hicks probablemente lo negaría. Pero cometeríamos una injusticia muy grande hacia estos hombres ilustres insistiendo en que cuanto sacaron de estas alianzas fue consuelo, halago y placer físico. Lo que sacaron, es evidente, es algo que su propio sexo no podía darles; y quizá no fuera precipitado definirlo con más precisión, absteniéndonos de citar las palabras sin duda ditirámbicas de los poetas, como cierto estímulo, cierta renovación del poder creador que sólo el sexo opuesto tiene el don de proporcionar. El hombre abría la puerta del salón o del cuarto de los niños, pensé, y encontraba a la mujer rodeada de sus hijos quizás, o con un bordado en las manos, centro en todo caso de un orden y un sistema de vida diferentes, y el contraste entre este mundo y el suyo, que quizás era los tribunales o la Cámara de los Comunes, inmediatamente refrescaba su mente y le daba nuevo vigor; y sin duda se manifestaba, como es natural, aun en la charla más sencilla, tal diferencia de opiniones, que las ideas que en él se habían secado eran de nuevo fertilizadas y el verla a ella crear en un ambiente diferente del suyo debía vivificar de tal modo su poder creador que insensiblemente su mente estéril empezaba de nuevo a discurrir y encontraba la frase o la escena que le faltaba al ponerse el sombrero para ir a visitarla. Cada Johnson tiene su Mrs. Thrale y se aferra a ella por motivos de esta clase y cuando la Thrale se casa con su profesor de música italiano, Johnson se vuelve loco de rabia e indignación, no sólo porque echará de menos sus agradables veladas en Streatham, sino porque será como si la luz de su vida «se hubiera apagado».

Y sin ser el Dr. Johnson, Goethe, Carlyle o Voltaire, uno puede percibir, aunque de modo muy distinto de como la percibieron estos grandes hombres, la naturaleza de este hecho complejo y el poder creador de esta facultad altamente desarrollada en la mujer. Una mujer entra en una habitación... Pero los recursos del idioma inglés serían duramente puestos a prueba y bandadas enteras de palabras tendrían que abrirse camino ilegítimamente a alazos en la existencia para que la mujer pudiera decir lo que ocurre cuando ella entra en una habitación. Las habitaciones difieren radicalmente: son tranquilas o tempestuosas; dan al mar o, al contrario, a un patio de cárcel; en ellas hay la colada colgada o palpitan los ópalos y las sedas; son duras como pelo de caballo o suaves como una pluma. Basta entrar en cualquier habitación de cualquier calle para que esta fuerza sumamente compleja de la feminidad le dé a uno en la cara. ¿Cómo podría no ser así? Durante millones de años las mujeres han estado sentadas en casa, y ahora las paredes mismas se hallan impregnadas de esta fuerza creadora, que ha sobrecargado de tal modo la capacidad de los ladrillos y de la argamasa que forzosamente se engancha a las plumas, los pinceles, los negocios y la política. Pero este poder creador difiere mucho del poder creador del hombre. Y debe concluirse que sería una lástima terrible que le pusieran trabas o lo desperdiciaran, porque es la conquista de muchos siglos de la más dura disciplina y no hay nada que lo pueda sustituir. Sería una lástima terrible que las mujeres escribieran como los hombres, o vivieran como los hombres, o se parecieran físicamente a los hombres, porque dos sexos son ya pocos, dada la vastedad y variedad del mundo; ¿cómo nos las arreglaríamos, pues, con uno solo? ¿No debería la educación buscar y fortalecer más bien las diferencias que no los puntos de semejanza? Porque ya nos parecemos demasiado, y si un explorador volviera con la noticia de otros sexos atisbando por entre las ramas de otros árboles bajo otros cielos, nada podría ser más útil a la Humanidad; y tendríamos además el inmenso placer de ver al profesor X ir corriendo a buscar sus cintas de medir para probar su «superioridad».

Bastante atareada estará Mary Carmichael con sólo observar, pensé, flotando todavía a cierta distancia de la página. Por ello me temo que sienta la tentación de convertirse en lo que es, en mi opinión, la rama menos interesante de la especie, la novelista naturalista, en lugar de la novelista contemplativa. Tiene ante los ojos tantos hechos nuevos que observar. No tendrá que limitarse más a las casas respetables de la clase media acomodada. Entrará sin amabilidad ni condescendencia, pero con espíritu de camaradería, en estas habitaciones pequeñas y perfumadas donde están sentadas la cortesana, la prostituta o la dama con el perrito faldero. Todavía están allí, con los vestidos toscos y de confección que el escritor varón no tuvo más remedio que ponerles. Pero Mary Carmichael sacará las tijeras y se los ajustará a cada hueco y ángulo. Será un espectáculo curioso, cuando llegue, ver a todas estas mujeres tal como son, pero debemos esperar un poco, porque todavía detendrá a Mary Carmichael aquella timidez en presencia del «pecado» que es el legado de nuestra barbarie sexual. Todavía llevará en los pies las viejas cadenas de pacotilla de la clase.

Sin embargo, la mayoría de las mujeres no son ni prostitutas ni cortesanas; ni se pasan las tardes de verano acariciando perritos falderos sobre terciopelos polvorientos. Pero ¿qué hacen entonces? Y apareció ante los ojos de mi mente una de estas largas calles de algún lugar al sur del río, cuyas infinitas hileras de casas contienen una población innumerable. Con los ojos de la imaginación vi a una dama muy anciana cruzando la calle del brazo de una mujer de media edad, su hija quizás, ambas tan respetablemente embotadas y cubiertas de pieles que cada tarde el vestirse debía de ser un ritual y sin duda guardaban los trajes en alcanfor año tras año en los armarios durante los meses de verano. Cruzan la calle cuando se encienden las lámparas (porque el atardecer es su hora favorita), como sin duda han venido haciendo año tras año. La más anciana raya en los ochenta; pero si alguien le preguntara qué ha significado su vida para ella diría que recuerda las calles iluminadas para celebrar la batalla de Balaclava, o que oyó los cañonazos disparados en Hyde Park con motivo del nacimiento del rey Eduardo II. Y si alguien le preguntara, ansioso de precisar el momento con fecha y estación: «Pero ¿qué hacía usted el 5 de abril de 1868 o el 2 de noviembre de 1875?», pondría una expresión vaga y diría que no se acuerda de nada. Porque todas las cenas están cocinadas, todos los platos y tazas lavados; los niños han sido enviados a la escuela y se han abierto camino en el mundo. Nada queda de todo ello. Todo se ha desvanecido. Ni las biografías ni los libros de Historia lo mencionan. Y las novelas, sin proponérselo, mienten.

Y todas estas vidas infinitamente oscuras todavía están por contar, dije dirigiéndome a Mary Carmichael como si hubiera estado allí; y seguí andando por las calles de Londres sintiendo en imaginación la presión del mutismo, la acumulación de vidas sin contar: la de las mujeres paradas en las esquinas, con los brazos en jarras y los anillos hundidos en sus dedos hinchados de grasa, hablando con gesticulaciones parecidas al ritmo de las palabras de Shakespeare, la de las violeteras, la de las vendedoras de cerillas, la de las viejas brujas estacionadas bajo los portales, o la de las muchachas que andan a la deriva y cuyo rostro señala, como oleadas de sol y nube, la cercanía de hombres y mujeres y las luces vacilantes de los escaparates. Todo esto lo tendrás que explorar, le dije a Mary Carmichael, asiendo con fuerza tu antorcha. Por encima de todo, debes iluminar tu propia alma, sus profundidades y frivolidades, sus vanidades y generosidades, y decir lo que significa para ti tu belleza y tu fealdad, y cuál es tu relación con el mundo siempre cambiante y rodante de los guantes, y los zapatos, y los chismes que se balancean hacia arriba y hacia abajo entre tenues perfumes que se evaden de botellas de boticario y descienden por entre arcos de tela para vestidos hasta un suelo de mármol fingido. Porque en imaginación había entrado en una tienda; estaba pavimentada de negro y blanco; colgaban en ella, con un efecto de sorprendente belleza, cintas de colores. Mary Carmichael podría echar un vistazo a esta tienda al pasar, porque era un espectáculo que se prestaba a la descripción tanto como una cumbre nevada o una garganta rocosa de los Andes. Y hay una muchacha detrás del mostrador; me gustaría más leer su historia verdadera que la centésima quincuagésima vida de Napoleón o el septuagésimo estudio sobre Keats y su uso de la inversión miltoniana que el viejo Profesor Z y sus colegas están escribiendo en este momento. Y luego procedí con cautela, de puntillas (tan cobarde soy, tanto miedo tengo del látigo que una vez casi azotó también mis hombros), a murmurar que también debería aprender a reírse, sin amargura, de las vanidades —digamos más bien peculiaridades, es palabra menos ofensiva— del otro sexo. Porque todos tenemos detrás de la cabeza un punto del tamaño de un chelín que nosotros mismos no podemos ver. Es uno de los favores que un sexo podría hacerle al otro: el describir este punto del tamaño de un chelín que todos tenemos detrás de la cabeza. Pensad qué útiles les han sido a las mujeres los comentarios de Juvenal, las críticas de Strindberg. ¡Recordad con cuánta caridad y brillantez, desde los tiempos más antiguos, los hombres les han indicado a las mujeres este punto oscuro que tienen detrás de la cabeza! Y si Mary fuera muy valiente y muy honrada se colocaría detrás del otro sexo y nos diría qué ve allí. No se podrá pintar un auténtico retrato de conjunto del hombre hasta que una mujer no haya descrito este punto del tamaño de un chelín. Mr. Woodhouse y Mr. Casaubon son puntos de este tamaño y tipo. No quiero decir, naturalmente, que nadie en sus cinco sentidos le aconsejase nunca a Mary que se dedicase a burlarse o a ridiculizar, la literatura muestra la futilidad de cuanto se ha escrito con este espíritu. Di la verdad, podríamos sugerirle, y el resultado será forzosamente de un interés sorprendente. Forzosamente se enriquecerá la comedia. Forzosamente se descubrirán nuevos hechos.

Sin embargo, iba siendo hora de que volviera a posar mis ojos en el libro. Más valdría, en lugar de especular sobre lo que Mary Carmichael podría y debería escribir, ver qué escribía de hecho Mary Carmichael. Así es que me puse de nuevo a leer. Recordé que tenía algunos reproches que hacerle. Había quebrado la frase de Jane Austen, negándome así la oportunidad de jactarme de mi gusto impecable, de mi oído crítico. Porque de nada servía decir: «Sí, sí, todo esto es muy bonito; pero Jane Austen escribió mejor que tú», cuando tenía que admitir que no había entre ellas el menor punto de semejanza. Luego, Mary Carmichael había ido más lejos y habría quebrado la secuencia, el orden esperado. Quizá lo había hecho inconscientemente, limitándose a dar a las cosas su orden natural, como lo haría una mujer si escribiera como una mujer. Pero el efecto era un tanto desconcertante; no se podía ver cómo se acumulaba la ola, cómo aparecía la crisis a la vuelta de la esquina. No podía, pues, jactarme de la profundidad de mis sentimientos ni de mi hondo conocimiento del corazón humano. Porque cada vez que estaba a punto de sentir las cosas usuales en los lugares usuales, acerca del amor, de la muerte, la fastidiosa mujer tiraba de mí, como si el punto importante hubiera estado justo un poquito más lejos. Y así no me dejó desplegar mis frases sonoras sobre «sentimientos elementales», «la tela de que estamos hechos», «las profundidades del corazón humano» y todas aquellas otras expresiones que apoyan nuestra creencia de que, por muy ingeniosos que seamos por encima, por debajo somos muy serios, muy profundos y muy humanos. Me hizo sentir, al contrario, que en lugar de serios, profundos y humanos, quizá seamos, simplemente —y este pensamiento era mucho menos seductor— mentalmente perezosos y por añadidura convencionales.

Pero seguí leyendo y observé algunos hechos más. Mary Carmichael no era «un genio», esto era evidente. No tenía ni mucho menos el amor a la Naturaleza, la imaginación ardiente, la poesía salvaje, el ingenio brillante, la sabiduría meditativa de sus grandes predecesoras, Lady Winchilsea, Charlotte Brontë, Emily Brontë, Jane Austen y George Eliot; no sabía escribir con la melodía y la dignidad de Dorothy Osborne; no era, realmente, más que una chica lista cuyos libros, sin duda alguna, los editores convertirían en pasta dentro de diez años. No obstante, tenía ciertos puntos a su favor que mujeres con mucho más talento no poseían hace apenas medio siglo. A sus ojos, los hombres habían dejado de ser la «facción de la oposición»; no necesitaba perder tiempo prorrumpiendo en invectivas contra ellos; no necesitaba subirse al tejado y turbar la paz de su espíritu suspirando por viajes, experiencia y un conocimiento del mundo y de la gente que le era denegado. El temor y el odio habían casi desaparecido o sólo se observaban trazas de ellos en una ligera exageración de la alegría de la libertad, en una tendencia al comentario cáustico o satírico, más que al romántico, cuando se refería al otro sexo. Tampoco cabía duda de que, como novelista, poseía ciertas dotes de alta categoría. Tenía una sensibilidad muy amplia, ávida y libre, que reaccionaba prácticamente al toque más imperceptible. Se recreaba, como una planta recién brotada, con cada visión y sonido que le salía al paso. También se movía, de modo muy sutil y curioso, por entre cosas desconocidas o nunca registradas; se encendía al contacto de pequeñas cosas y mostraba que quizá no eran tan pequeñas después de todo. Sacaba a la luz cosas enterradas y le hacía a uno preguntarse qué necesidad había habido de enterrarlas. Pese a su brusquedad y a no ser portadora inconsciente de una larga herencia, de esa clase de herencia que hace que la menor frase de un Thackeray o un Lamb sea una pura delicia al oído, había asimilado —empezaba yo a creer— la primera lección importante: escribía como una mujer, pero como una mujer que ha olvidado que es una mujer, de modo que sus páginas estaban llenas de esta curiosa cualidad sexual que sólo se logra cuando el sexo es inconsciente de sí mismo.

Todo esto estaba muy bien. Pero ni la abundancia de sus sensaciones, ni la delicadeza de su percepción le valdrían para nada si no sabía construir con lo pasajero y lo personal el edificio duradero que permanece en pie. Yo había dicho que esperaría hasta que se enfrentase con «una situación». Entendía por ahí hasta que me demostrase, llamándome, haciéndome señas y reuniéndose conmigo, que no era una mera rozadora de superficies, sino que había mirado debajo, en las profundidades. Ha llegado la hora, se diría a sí misma en cierto momento, de mostrar sin hacer nada violento el significado de todo esto. Y empezaría —¡qué inconfundible es esta aceleración!— a llamar y hacer señas, y se despertarían en nuestra memoria cosas medio olvidadas, quizá del todo triviales, aparecidas en otros capítulos y dejadas de lado. Y haría sentir la presencia de estas cosas mientras alguien cosía o fumaba una pipa con la mayor naturalidad posible y a uno le parecería, a medida que ella iba escribiendo, como si hubiera ascendido a la cumbre del mundo y lo viera extendido, muy majestuosamente, a sus pies.

En todo caso lo estaba intentando. Y mientras la miraba preparándose para la prueba, vi, pero esperé que ella no viera, a los obispos y los deanes, a los doctores y los profesores, a los patriarcas y los pedagogos gritándole todos advertencias y consejos. ¡No puedes hacer esto y no debes hacer aquello! ¡Sólo los «fellows» y los «scholars» pueden pisar la hierba! ¡No se admite a las señoras sin una carta de presentación! ¡Gráciles doncellas aspirantes a novelistas, por aquí! Así le gritaban, como la muchedumbre agolpada ante una valla en una carrera de caballos, y su éxito dependía de que saltara la valla sin mirar a la derecha o a la izquierda. Si te paras para maldecir estás perdida, le dije; lo mismo si te paras para reír. Titubea o da un traspié y será el fin. Piensa en el salto, le imploré, como si hubiera apostado en ella todo mi dinero; y salvó el obstáculo como una gacela. Pero había otra valla después de ésta, y después otra. De si tendría la resistencia suficiente no estaba yo muy segura, pues las palmadas y los gritos ponían los nervios de punta. Pero hizo lo que pudo. Teniendo en cuenta que Mary Carmichael no era un genio, sino una muchacha desconocida que escribía su primera novela en su salita-dormitorio, sin bastante cantidad de estas cosas deseables, tiempo, dinero y ocio, no salía mal de la prueba, pensé.

Démosle otros cien años, concluí, leyendo el último capítulo —narices y hombros descubiertos se dibujaban desnudos contra un cielo estrellado, pues alguien había descorrido a medias las cortinas del salón—, démosle una habitación propia y quinientas libras al año, déjemosle decir lo que quiera y omitir la mitad de lo que ahora pone en su libro y el día menos pensado escribirá un libro mejor. Será una poetisa, dije, poniendo *La aventura de la vida*, de Mary Carmichael, al final del estante, dentro de otros cien años.

CAPÍTULO 6

Al día siguiente, la luz de la mañana de octubre caía en rayos polvorientos a través de las ventanas sin cortinas y el murmullo del tráfico subía de la calle. A esta hora, Londres se estaba dando cuerda de nuevo; la fábrica se había puesto en movimiento; las máquinas empezaban a funcionar. Era tentador, después de tanto leer, mirar por la ventana y ver qué estaba haciendo Londres en aquella mañana del 26 de octubre de 1928. ¿Y qué estaba Londres haciendo? Nadie parecía estar leyendo *Antonio y Cleopatra*. Londres se sentía del todo indiferente, según las apariencias, a las tragedias de Shakespeare. A nadie le importaba un rábano —y yo no se lo reprochaba— el porvenir de la novela, la muerte de la poesía o la creación, por parte de la mujer corriente, de un estilo de prosa que expresara plenamente su modo de pensar. Si alguien hubiera escrito con tiza en la acera sus opiniones sobre alguno de estos temas, nadie se hubiese inclinado para leerlas. La indiferencia de los pies presurosos las hubiera borrado en media hora.

Por aquí venía un mensajero; por allá una señora con un perro. La fascinación de la calle londinense consiste en que nunca hay en ella dos personas iguales; cada cual parece ocupado en algún asunto personal y privado. Había la gente de negocios, con sus pequeñas carteras; había los paseantes, que golpeaban al pasar los enrejados con sus bastones; había personas afables a quienes las calles sirven de sala de club, hombres con carretones que gritaban y daban información que no les pedían. También había los funerales, a cuyo paso los hombres, recordando de pronto que un día morirían sus propios cuerpos, se descubrían. Y luego un caballero muy distinguido bajó despacio los peldaños de un portal y se detuvo para evitar una colisión con una dama apresurada que había adquirido, por un medio u otro, un espléndido abrigo de pieles y un ramillete de violetas de Parma. Todos parecían separados, absortos en sí mismos, ocupados en algún asunto propio.

En este momento, como tan a menudo ocurre en Londres, el tráfico quedó por completo parado y silencioso. Nadie venía por la calle; no pasaba nadie. Una hoja solitaria se destacó del plátano que crecía al final de la calle y, en medio de esta pausa y esta suspensión, cayó. En cierto modo pareció una señal, una señal que hiciese resaltar en las cosas una fuerza en la que uno no había reparado. Parecía indicarle a uno la presencia de un río que fluía, invisible, calle abajo hasta doblar la esquina y tomaba a la gente y la arrastraba en sus remolinos, de igual modo que el arroyo de Oxbridge se había llevado al estudiante en su bote y las hojas muertas. Ahora traía de un lado de la calle al otro, en diagonal, a una muchacha con botas de charol y también a un joven que llevaba un abrigo marrón; también traía un taxi; y los trajo a los tres hasta un punto situado directamente debajo de mi ventana; donde el taxi se paró y la muchacha y el joven se pararon; y subieron al taxi; y entonces el taxi se marchó deslizándose como si la corriente lo hubiese arrastrado hacia otro lugar.

El espectáculo era del todo corriente; lo que era extraño era el orden rítmico de que mi imaginación lo había dotado y el hecho de que el espectáculo corriente de dos personas bajando la calle y encontrándose en una esquina pareciera librar mi mente de cierta tensión, pensé mirando cómo el taxi daba la vuelta y se marchaba. Quizás el pensar, como yo había estado haciendo aquellos dos días, en un sexo separándolo del otro es un esfuerzo. Perturba la unidad de la mente. Ahora aquel esfuerzo había cesado y el ver a dos personas reunirse y subir a un taxi había restaurado la unidad. Desde luego, la mente es un órgano muy misterioso, pensé, volviendo a meter la cabeza dentro, sobre el que no se sabe nada en absoluto, aunque dependamos de él por completo. ¿Por qué siento que hay discordias y oposiciones en la mente, de igual modo que hay en el cuerpo tensiones producidas por causas evidentes? ¿Qué se entiende por «unidad de la mente»?, me pregunté. Porque la mente tiene, claramente, el poder de concentrarse sobre cualquier punto en cualquier momento, tal poder que no parece estar constituida por un único estado de ser. Puede separarse de la gente de la calle, por ejemplo, y pensar en sí misma mientras mira a la gente desde una ventana alta. O puede, espontáneamente, pensar junto con otra gente, como ocurre, por ejemplo, en medio de una muchedumbre que espera la lectura de una noticia. Puede volver al pasado a través de sus padres o de sus madres, de igual modo que una mujer que escribe, como he dicho, está en contacto con el pasado a través de sus madres. También, si una es mujer, a menudo se siente sorprendida por una súbita división de la conciencia: por ejemplo, cuando anda por Whitehall y deja de ser la heredera natural de aquella civilización y se siente, al contrario, excluida, diferente, deseosa de criticar. Es indudable que la mente siempre está alterando su enfoque y mirando el mundo bajo diferentes perspectivas. Pero algunos de estos estados mentales parecen, incluso si se adoptan espontáneamente, menos cómodos que otros. Para mantenerse en ellos, inconscientemente uno retiene algo, y gradualmente esta represión se convierte en un esfuerzo. Pero quizás haya algún estado en el que uno pueda mantenerse sin esfuerzo porque no necesita retener nada. Y éste, pensé apartándome de la ventana, quizá sea uno de ellos. Porque al ver a la pareja subir al taxi, me pareció que mi mente, tras haber estado dividida, se había reunificado en una fusión natural. La explicación evidente que a uno se le ocurre es que es natural que los sexos cooperen. Tenemos un instinto profundo, aunque irracional, en favor de la teoría de que la unión del hombre y de la mujer aporta la mayor satisfacción, la felicidad más completa. Pero la visión de aquellas dos personas subiendo al taxi y la satisfacción que me produjo también me hicieron preguntarme si la mente tiene dos sexos que corresponden a los dos sexos del cuerpo y si necesitan también estar unidos para alcanzar la satisfacción y la felicidad completas. Y me puse, para pasar el rato, a esbozar un plano del alma según el cual en cada uno de nosotros presiden dos poderes, uno macho y otro hembra; y en el cerebro del hombre predomina el hombre sobre la mujer y en el cerebro de la mujer predomina la mujer sobre el hombre. El estado de ser normal y confortable es aquel en que los dos viven juntos en armonía, cooperando espiritualmente. Si se es hombre, la parte femenina del cerebro no deja de obrar; y la mujer también tiene contacto con el hombre que hay en ella. Quizá Coleridge se refería a esto cuando dijo que las grandes mentes son andróginas. Cuando se efectúa esta fusión es cuando la mente queda fertilizada por completo y utiliza todas sus facultades. Quizás una mente puramente masculina no pueda crear, pensé, ni tampoco una mente puramente femenina. Pero convenía averiguar qué entendía uno por «hombre con algo de mujer» y por «mujer con algo de hombre» hojeando un par de libros.

Desde luego, Coleridge no se refería, cuando dijo que las grandes mentes son andróginas, a que sean mentes que sienten especial simpatía hacia las mujeres; mentes que defienden su causa o se dedican a su interpretación. Quizá la mente andrógina está menos inclinada a esta clase de distinciones que la mente de un solo sexo. Coleridge quiso decir quizá que la mente andrógina es sonora y porosa; que transmite la emoción sin obstáculos; que es creadora por naturaleza, incandescente e indivisa. De hecho, uno vuelve a pensar en la mente de Shakespeare como prototipo de mente andrógina, de mente masculina con elementos femeninos, aunque sería imposible decir qué pensaba Shakespeare de las mujeres. Y si es cierto que el no pensar especialmente o separadamente en la sexualidad es una de las características de la mente plenamente desarrollada, cuesta ahora muchísimo más que antes alcanzar esta condición. Me acerqué entonces a los libros de autores vivientes, e hice una pausa y me pregunté si este hecho no se hallaba en la raíz de algo que me había dejado mucho tiempo perpleja. No es posible que en ninguna época haya existido tan estridente preocupación por la sexualidad como en la nuestra; buena prueba de ello, la enorme cantidad de libros que había en el British Museum escritos por hombres sobre las mujeres. Sin duda tenía la culpa la campaña de las sufragistas. Debía de haber despertado en los hombres un extraordinario deseo de autoafirmación; debía de haberles empujado a hacer resaltar su propio sexo y sus características, en las que no se habrían molestado en pensar si no les hubieran desafiado. Y cuando uno se siente desafiado, aunque sea por unas cuantas mujeres con gorros negros, reacciona, si no le han desafiado antes, un poco demasiado fuerte. Quizás así se expliquen algunas de las características que recuerdo haber encontrado en este libro, pensé sacando del estante una nueva novela de Mr. A, que está en el apogeo de la vida y goza de muy buena fama, parece, entre los críticos. La abrí. Realmente, era una delicia volver a leer un estilo masculino. Sonaba tan directo, tan claro después de leer estilos femeninos. Indicaba tal libertad mental, tal libertad personal, tal confianza en uno mismo. Se experimentaba una sensación de bienestar ante aquella mente bien alimentada, bien educada, libre, que nunca había sufrido desvíos u oposiciones, que desde el nacimiento había podido, al contrario, desarrollarse con plena libertad en la dirección que había querido. Todo esto era admirable. Pero tras leer un capítulo o dos, me pareció que una sombra se erguía, cruzando la página. Era una barra recta y oscura, una sombra con la forma de la letra «I». Empezaba uno a inclinarse hacia un lado y hacia el otro, tratando de vislumbrar el paisaje que había detrás. No se sabía a ciencia cierta si se trataba de un árbol o de una mujer andando. Siempre le hacían a uno volver a la letra «I».[1] Tanta «I» empezaba a cansar. Cierto que esta «I» era una «I» muy respetable; honrada y lógica; dura como una nuez y pulida por siglos de buenas enseñanzas y buena alimentación. Respeto y admiro esta «I» desde lo más hondo del corazón. Pero —aquí volví una página o dos, en busca de algo— lo malo es que cuanto se halla a la sombra de la letra «I» carece de forma, como la bruma. ¿Es aquello un árbol? No, es una mujer. Pero... no tiene ni un hueso en todo el cuerpo, pensé mirando cómo Phoebe, pues así se llamaba, cruzaba la playa. Entonces Alan se levantó y la sombra de Alan aniquiló a Phoebe. Porque Alan tenía puntos de vista y Phoebe se apagaba bajo el torrente de sus opiniones. Y Alan, pensé, también tiene pasiones; y me puse a volver las páginas muy de prisa, sintiendo que la crisis se estaba acercando, y así era. Tuvo lugar en la playa bajo el sol. Fue hecho muy abiertamente. Fue hecho muy vigorosamente. Nada hu-

---

1. En inglés, pronombre personal sujeto de la primera persona.

biera podido ser más indecente. Pero... Había dicho «pero» demasiadas veces. Uno no puede seguir diciendo «pero». Tiene que terminar la frase de algún modo, me reproché a mí misma. La terminaré con: «Pero... ¡me aburro!» Pero ¿por qué me aburriría? A causa, en parte, de la predominancia de la letra «I» y de la aridez a la que, como el haya gigantesca, condena la tierra que su sombra cubre. Allí nada puede crecer. Y en parte por otro motivo más oscuro. Parecía haber algún obstáculo, algún impedimento en la mente de Mr. A que obstruía la fuente de la energía creadora y la hacía correr por un estrecho cauce. Y recordando a la vez aquel almuerzo en Oxbridge, y la ceniza del cigarrillo, y el gato sin cola, y a Tennyson y a Christina Rossetti, me pareció posible que allí estuviera el obstáculo. Puesto que Alan ya no murmura: «Ha caído una espléndida lágrima de la pasionaria que crece junto a la verja», cuando Phoebe cruza la playa y ella ya no contesta: «Mi corazón es como un pájaro que canta cuyo nido se halla en un brote rociado» cuando Alan se acerca, ¿qué puede él hacer? Siendo honrado como el día y lógico como el sol, no puede hacer más que una cosa. Y esto lo hace, reconozcámoslo, una y otra vez (dije volviendo las páginas), y otra, y otra. Y esto, añadí, dándome cuenta del carácter terrible de la confesión, resulta un tanto aburrido. La indecencia de Shakespeare extirpa de la mente otras mil cosas y dista de ser aburrida. Pero Shakespeare lo hace por placer; Mr. A, como dicen las enfermeras, lo hace a propósito. Lo hace en señal de protesta. Protesta contra la igualdad del otro sexo afirmando su propia superioridad. Lo que quiere decir que se siente frenado, inhibido e inseguro de sí mismo, como quizá se hubiera sentido Shakespeare si también hubiera conocido a Miss Clough y Miss Davies. No cabe duda de que la literatura isabelina hubiera sido muy distinta si el movimiento feminista hubiese empezado en el siglo dieciséis y no en el siglo diecinueve.

Todo esto equivale, pues, a decir, si toda esta teoría de los dos lados de la mente es correcta, que la virilidad ha cobrado conciencia de sí misma, es decir, que los hombres ahora no escriben más que con el lado masculino del cerebro. Las mujeres hacen mal en leer sus libros, pues inevitablemente buscan en ellos algo que no pueden encontrar. Es el poder de sugestión lo que de inmediato se echa de menos, pensé, tomando un libro del crítico Mr. B y leyendo con mucho cuidado, muy concienzudamente, sus observaciones sobre el arte poético. Muy competentes eran, agudas y rebosantes de cultura; pero lo malo es que sus sentimientos habían dejado de comunicar entre ellos; su mente parecía dividida en diferentes cámaras; no pasaba ningún sonido de una a otra. Por tanto, cuando uno toma en su mente una frase de Mr. B, la frase cae pesadamente al suelo, muerta; pero cuando uno toma en su mente una frase de Coleridge, la frase explota y da origen a un sinfín de ideas nuevas, y ésta es la única clase de escritura que puede considerarse poseedora del secreto de la vida eterna.

Pero sea cual fuere su causa, es un hecho que debemos deplorar. Porque significa —había llegado a las hileras de libros de Mr. Galsworthy y Mr. Kipling— que algunas de las mejores obras de los mejores escritores vivientes caen en saco roto. Haga lo que haga, una mujer no puede encontrar en ellas esta fuente de vida eterna que los críticos le aseguran que está allí. No sólo celebran virtudes masculinas, imponen valores masculinos y describen el mundo de los hombres; la emoción, además, que impregna estos libros es incomprensible para una mujer. Está llegando, se está acumulando, está a punto de explotar en mi mente, empieza una a decirse antes del final. Aquel cuadro se le caerá en la cabeza al viejo Jolyon; morirá del susto; el viejo clérigo pronunciará sobre él algunas frases solemnes; y todos los cisnes del Támesis se pondrán a cantar a la vez. Pero una se escapará antes de que esto ocurra y se esconderá en las matas de grosellas, porque la emoción que a un hombre le parece tan profunda, tan sutil, tan simbólica, a una mujer la deja perpleja. Así ocurre con los oficiales de Mr. Kipling que vuelven la espalda y con sus Sembradores que siembran la Semilla y con sus Hombres que están solos con su Trabajo; y la Bandera... Todas estas mayúsculas la hacen a una ruborizarse, como si la hubiesen sorprendido escuchando a escondidas en una orgía puramente masculina. Lo cierto es que ni Mr. Galsworthy ni Mr. Kipling tienen en ellos una sola chispa femenina. Todas sus cualidades, si se puede generalizar, le parecen, pues, crudas y poco maduras a una mujer. Carecen de poder sugestivo. Y cuando un libro carece de poder sugestivo, por duro que golpee la superficie de la mente, no puede penetrar en ella.

Y con el desasosiego con que uno saca libros de los estantes y los vuelve a colocar en su sitio sin mirarlos, me puse a imaginar una era futura de virilidad pura, de autoafirmación de la virilidad, como la que las cartas de los profesores (tomemos las cartas de Sir Walter Raleigh, por ejemplo) parecen augurar y que los gobernantes de Italia ya han iniciado. Porque difícilmente deja uno de sentirse impresionado en Roma por una sensación de masculinidad inmitigada; y sea cual fuere desde el punto de vista del estado el valor de la masculinidad inmitigada, su efecto sobre el arte de la poesía es discutible. De todos modos, según los periódicos, reina en Italia cierta ansiedad acerca de la novela. Ha habido una reunión de académicos cuyo objeto era «estimular la novela italiana».

«Hombres famosos por su nacimiento, o en los círculos financieros, la industria o las corporaciones fascistas» se reunieron el otro día y discutieron el asunto, y se envió al Duce un telegrama en que se expresaba la esperanza de que «la era fascista pronto produciría un poeta digno de ella». Podemos unirnos todos a esta esperanza, pero dudo de que la poesía pueda nacer de una incubadora. La poesía debería tener una madre, lo mismo que un padre. El poema fascista, hay motivos para temer, será un pequeño aborto horrible como los que se ven en tarros de cristal en los museos de las ciudades de provincias. Estos monstruos nunca viven mucho tiempo, se dice; nunca se ven prodigios de esta clase cortando la hierba en un prado. Dos cabezas en un cuerpo no garantizan una larga vida.

Sin embargo, la culpa de todo esto, si es que uno se empeña en encontrar a un culpable, no la tiene un sexo más que el otro. Los responsables son todos los seductores y los reformadores: Lady Bessborough, que mintió a Lord Granville; Miss Davies, que le dijo la verdad a

Mr. Greg. Son culpables todos los que han contribuido a despertar la conciencia del sexo y son ellos quienes me empujan, cuando quiero usar al máximo mis facultades en un libro, a buscar esta satisfacción en aquella época feliz, anterior a Miss Davies y Miss Clough, en que el escritor utilizaba ambos lados de su mente a la vez. Para ello debemos acudir a Shakespeare, porque Shakespeare era andrógino, e igualmente lo eran Keats y Sterne, Cowper, Lamb y Coleridge. Shelley, quizá, carecía de sexo. Puede que Milton y Ben Jonson hayan tenido en ellos una gota de varón de más. Lo mismo Wordsworth y Tolstoi. En nuestros tiempos, Proust era del todo andrógino, o quizás un poco demasiado femenino. Pero este fallo es demasiado infrecuente para que se lo reprochemos, porque sin alguna mezcla de esta clase el intelecto parece predominar y las demás facultades de la mente se endurecen y se vuelven estériles. Me consolé, sin embargo, pensando que quizás estemos en una fase pasajera; mucho de cuanto he dicho obedeciendo a mi promesa de revelaros el curso de mis pensamientos os parecerá de otra época; mucho de lo que llamea en mis ojos os parecerá dudoso a vosotras que todavía no habéis llegado a la mayoría de edad.

A pesar de ello, la primerísima frase que escribiré aquí, dije yendo hacia el escritorio y tomando la hoja encabezada Las Mujeres y la Novela, es que es funesto para todo aquel que escribe el pensar en su sexo. Es funesto ser un hombre o una mujer a secas; uno debe ser «mujer con algo de hombre» u «hombre con algo de mujer». Es funesto para una mujer subrayar en lo más mínimo una queja, abogar, aun con justicia, por una causa; en fin, el hablar conscientemente como una mujer. Y por funesto entiendo mortal; porque cuanto se escribe con esta parcialidad consciente está condenado a morir. Deja de ser fertilizado. Por brillante y eficaz, poderoso y magistral que parezca un día o dos, se marchitará al anochecer; no puede crecer en la mente de los demás. Alguna clase de colaboración debe operarse en la mente entre la mujer y el hombre para que el arte de creación pueda realizarse. Debe consumarse una boda entre elementos opuestos. La mente entera debe yacer abierta de par en par si queremos captar la impresión de que el escritor está comunicando su experiencia con perfecta plenitud. Es necesario que haya libertad y es necesario que haya paz. No debe chirriar ni una rueda, no debe brillar ni una luz. Las cortinas deben estar corridas. El escritor, pensé, una vez su experiencia terminada, debe reclinarse y dejar que su mente celebre sus bodas en la oscuridad. No debe mirar ni preguntarse qué está sucediendo. Debe más bien deshojar una rosa o contemplar los cisnes que flotan despacio río abajo. Y volví a ver la corriente que se había llevado el bote con el estudiante y las hojas muertas; y el taxi tomó al hombre y a la mujer, pensé, viéndoles cruzar la calle para reunirse, y la corriente les arrastró, pensé, oyendo a lo lejos el rugido del tráfico londinense, hacia aquel río impresionante.

Aquí, pues, Mary Beton para de hablar. Os ha dicho cómo llegó a la conclusión —la prosaica conclusión— de que hay que tener quinientas libras al año y una habitación con un pestillo en la puerta para poder escribir novelas o poemas. Ha tratado de exponer al desnudo los pensamientos y las impresiones que la llevaron a pensarlo. Os ha pedido que la siguieseis mientras volaba a los brazos de un bedel, almorzaba aquí, cenaba allá, hacía dibujos en el British Museum, sacaba libros de los estantes, miraba por la ventana. Mientras hacía todas estas cosas, vosotras sin duda habéis estado observando sus fallos y flaquezas y decidiendo qué efecto tenían sobre sus opiniones. Habéis estado contradiciéndola y añadiendo y deduciendo cuanto os ha parecido acertado. Así es como tiene que ser, porque con un tema de esta clase, la verdad sólo puede obtenerse colocando una junto a otra muchas variedades de error. Y terminaré ahora en nombre propio, anticipando dos críticas tan evidentes que difícilmente podríais dejar de hacérmelas.

No ha expresado usted ninguna opinión, quizá me digáis, sobre los méritos comparados del hombre y de la mujer, ni siquiera como escritores. Esto lo he hecho a propósito, porque, aun suponiendo que hubiese llegado el momento de hacer semejante valoración —y por ahora es mucho más importante saber cuánto dinero tenían las mujeres y cuántas habitaciones que especular sobre sus capacidades—, aun suponiendo que hubiese llegado este momento, no creo que las dotes, ya sea de la mente o del carácter, se puedan pesar como el azúcar o la mantequilla, ni siquiera en Cambridge, donde saben tanto de poner a la gente en categorías y de colocar birretes sobre su cabeza e iniciales detrás de su apellido. Yo no creo que ni siquiera la Tabla de Precedencias, que encontraréis en el *Almanaque* de Whitaker, represente un orden de valores definitivo ni que haya ningún serio motivo para suponer que un Comendador del Baño acabará precediendo en el comedor a un Maestro de Locura. Todo este competir de un sexo con otro, de una cualidad con otra; todas estas reivindicaciones de superioridad e imputaciones de inferioridad corresponden a la etapa de las escuelas privadas de la existencia humana, en que hay «bandos» y un bando debe vencer a otro y tiene una importancia enorme andar hasta una tarima y recibir de manos del Director en persona un jarro altamente decorativo. Al madurar, la gente deja de creer en bandos, en directores y en jarros altamente decorativos. En todo caso, en lo que respecta a los libros, es sumamente difícil pegar etiquetas de mérito de modo que no se caigan. ¿Acaso las críticas de libros contemporáneos no ilustran perpetuamente la dificultad de emitir juicios? «Este excelente libro», «este libro sin valor»: se le aplican al mismo libro ambos calificativos. Ni la alabanza ni la censura significan nada. Por delicioso que sea, el pasatiempo de medir es la más fútil de las ocupaciones y el someterse a los decretos de los medidores la más servil de las actitudes. Lo que importa es que escribáis lo que deseáis escribir; y nadie puede decir si importará mucho tiempo o unas horas. Pero sacrificar un solo pelo de la cabeza de vuestra visión, un solo matiz de su color en deferencia a un director de escuela con una copa de plata en la mano o algún profesor que esconde en la manga una cinta de medir, es la más baja de las traiciones; en comparación, el sacrificio de la riqueza y de la castidad, que solía considerarse el peor desastre humano, es una mera fruslería.

En segundo lugar, puede que me reprochéis el haber

insistido demasiado sobre la importancia de lo material. Aun concediendo al simbolismo un amplio margen y suponiendo que quinientas libras signifiquen el poder de contemplar y un pestillo en la puerta el poder de pensar por sí mismo, quizá me digáis que la mente debería elevarse por encima de estas cosas; y que los grandes poetas a menudo han sido pobres. Dejadme entonces citaros las palabras de vuestro propio profesor de Literatura, que sabe mejor que yo qué entra en la fabricación de un poeta. Sir Arthur Quiller-Couch escribe:[2]

> ¿Cuáles son los grandes nombres de la poesía de estos últimos cien años aproximadamente? Coleridge, Wordsworth, Byron, Shelley, Landor, Keats, Tennyson, Browning, Arnold, Morris, Rossetti, Swinburne. Parémonos aquí. De éstos, todos menos Keats, Browning y Rossetti tenían una formación universitaria; y de estos tres, Keats, que murió joven, segado en la flor de la edad, era el único que no disfrutaba de una posición bastante acomodada. Quizá parezca brutal decir esto, y desde luego es triste tener que decirlo, pero lo rigurosamente cierto es que la teoría de que el genio poético sopla donde le place y tanto entre los pobres como entre los ricos, contiene poca verdad. Lo rigurosamente cierto es que nueve de estos doce poetas tenían una formación universitaria: lo que significa que, de algún modo, consiguieron los medios para obtener la mejor educación que Inglaterra puede dar. Lo rigurosamente cierto es que de los tres restantes, Browning, como sabéis, era rico, y me apuesto cualquier cosa a que, si no

---

2. *The Art of Writing*, por Sir Arthur Quiller-Couch.

lo hubiera sido, no hubiera logrado escribir *Saúl* o *El anillo y el libro*, de igual modo que Ruskin no hubiera logrado escribir *Pintores modernos* si su padre no hubiera sido un próspero hombre de negocios. Rossetti tenía una pequeña renta personal; además pintaba. Sólo queda Keats, al que Atropos mató joven, como mató a John Clare en un manicomio y a James Thomson por medio del láudano que tomaba para drogar su decepción. Es una terrible verdad, pero debemos enfrentarnos con ella. Lo cierto —por poco que nos honre como nación— es que, debido a alguna falta de nuestro sistema social y económico, el poeta pobre no tiene hoy día, ni ha tenido durante los pasados doscientos años, la menor oportunidad. Creedme —y he pasado gran parte de diez años estudiando unas trescientas veinte escuelas elementales—, hablamos mucho de democracia, pero de hecho en Inglaterra un niño pobre no tiene muchas más esperanzas que un esclavo ateniense de lograr esta libertad intelectual de la que nacen las grandes obras literarias.

Nadie podría exponer el asunto más claramente. «El poeta pobre no tiene hoy día, ni ha tenido durante los últimos doscientos años, la menor oportunidad... En Inglaterra un niño pobre no tiene más esperanzas que un esclavo ateniense de lograr esta libertad intelectual de la que nacen las grandes obras literarias.» Exactamente. La libertad intelectual depende de cosas materiales. La poesía depende de la libertad intelectual. Y las mujeres siempre han sido pobres, no sólo durante doscientos años, sino desde el principio de los tiempos. Las mujeres han gozado de menos libertad intelectual que los hijos de los esclavos atenienses. Las mujeres no han tenido, pues, la menor oportunidad de escribir poesía. Por eso he insistido tanto sobre el dinero y sobre el tener una habitación propia. Sin embargo, gracias a los esfuerzos de estas mujeres desconocidas del pasado, de estas mujeres de las que desearía que supiéramos más cosas, gracias, por una curiosa ironía, a dos guerras, la de Crimea, que dejó salir a Florence Nightingale de su salón, y la Primera Guerra Mundial, que le abrió las puertas a la mujer corriente unos sesenta años más tarde, estos males están en vías de ser enmendados. Si no, no estaríais aquí esta noche y vuestras posibilidades de ganar quinientas libras al año, aunque desgraciadamente, siento decirlo, siguen siendo precarias, serían ínfimas.

De todos modos, quizá me digáis: ¿por qué le parece a usted tan importante que las mujeres escriban libros, si, según dice, requiere tanto esfuerzo, puede llevarla a una a asesinar a su tía, muy probablemente la hará llegar tarde a almorzar y quizá la empuje a discusiones muy graves con muy buenas personas? Mis motivos, debo admitirlo, son en parte egoístas. Como a la mayoría de las inglesas poco instruidas, me gusta leer, me gusta leer cantidades de libros. Últimamente mi régimen se ha vuelto un tanto monótono; en los libros de Historia hay demasiadas guerras; en las biografías, demasiados grandes hombres; la poesía ha demostrado, creo, cierta tendencia a la esterilidad, y la novela... Pero mi incapacidad como crítico de novela moderna ha quedado bastante patente y no diré nada más sobre este tema. Por tanto, os pediré que escribáis toda clase de libros, que no titubeéis ante ningún tema, por trivial o vasto que parezca. Espero que encontréis, a tuertas o a derechas, bastante dinero para viajar y holgar, para contemplar el futuro o el pasado del mundo, soñar leyendo libros y rezagaros en las esquinas, y hundir hondo la caña del pensamiento en la corriente. Porque de ninguna manera os quiero limitar a la novela. Me complaceríais mucho —y hay miles como yo— si escribierais libros de viajes y aventuras, de investigación y alta erudición, libros históricos y biografías, libros de crítica, filosofía y ciencias. Con ello sin duda beneficiaríais el arte de la novela. Porque en cierto modo los libros se influencian los unos a los otros. La novela no puede sino mejorar al contacto de la poesía y la filosofía. Además, si estudiáis alguna de las grandes figuras del pasado, como Safo, Murasaki, Emily Brontë, veréis que es una heredera a la vez que una iniciadora y ha cobrado vida porque las mujeres se han acostumbrado a escribir como cosa natural; de modo que sería muy valioso que desarrollaseis esta actividad, aunque fuera como preludio a la poesía.

Pero al repasar estas notas y criticar la sucesión de mis pensamientos cuando las escribí, me doy cuenta de que mis motivos no eran del todo egoístas. En todos estos comentarios y razonamientos late la convicción —¿o es el instinto?— de que los buenos libros son deseables y de que los buenos escritores, aunque se pueda encontrar en ellos todas las variedades de la depravación humana, no dejan de ser personas buenas. Cuando os pido que escribáis más libros, os insto, pues, a que hagáis algo para vuestro bien y para el bien del mundo en general. Cómo justificar este instinto o creencia, no lo sé, porque, si uno no se ha educado en una universidad, los términos filosóficos fácilmente pueden inducirle en error. ¿Qué se entiende por «realidad»? La realidad parece ser algo muy caprichoso, muy indigno de confianza: ora se la encuentra en una carretera polvorienta, ora en la calle en un trozo de periódico, ora en un narciso abierto al sol. Ilumina a un grupo en una habitación y señala a unas palabras casuales. Le sobrecoge a uno cuando vuelve andando a casa bajo las estrellas y hace que el mundo silencioso parezca más real que el de la palabra. Y ahí está de nuevo en un ómnibus en medio del tumulto de Piccadilly. A veces, también, parece habitar formas demasiado distantes de nosotros para que podamos discernir su naturaleza. Pero da a cuanto toca fijeza y permanencia. Esto es lo que queda cuando se ha echado en el seto la piel del día; es lo que queda del pasado y de nuestros amores y odios. Ahora bien, el escritor, creo yo, tiene más oportunidad que la demás gente de vivir en presencia de esta realidad. A él le corresponde encontrarla, recogerla y comunicárnosla al resto de la Humanidad. Esto es, en todo caso, lo que infiero al leer *El Rey Lear*, *Emma* o *En busca del tiempo perdido*. Porque la lectura de estos libros parece, curiosamente, operar nuestros sentidos de cataratas; después de leerlos vemos con más intensidad; el mundo parece haberse despojado del velo que lo cubría y haber cobrado una vida más intensa. Éstas son las personas envidiables que viven enemistadas con la irrealidad; y éstas son las personas dignas de compasión, que son golpeadas en la cabeza por lo que es hecho con ignorancia o despreocupación. De modo que cuando os pido que ganéis dinero y tengáis una habitación propia, os pido que viváis en presencia de la realidad, que llevéis una vida, al parecer, estimulante, os sea o no os sea posible comunicarla.

Yo terminaría aquí, pero la presión de la convención decreta que todo discurso debe terminar con una peroración. Y una peroración dirigida a mujeres debería contener, estaréis de acuerdo conmigo, algo particularmente exaltante y ennoblecedor. Debería imploraros que recordéis vuestras responsabilidades, la responsabilidad de ser más elevadas, más espirituales; debería recordaros que muchas cosas dependen de vosotras y la influencia que podéis ejercer sobre el porvenir. Pero estas exhortaciones se las podemos encargar sin riesgo, creo, al otro sexo, que las presentará, que ya las ha presentado, con mucha más elocuencia de la que yo podría alcanzar. Aunque rebusque en mi mente, no encuentro ningún sentimiento noble acerca de ser compañeros e iguales e influenciar al mundo conduciéndole hacia fines más elevados. Sólo se me ocurre decir, breve y prosaicamente, que es mucho más importante ser uno mismo que cualquier otra cosa. No soñéis con influenciar a otra gente, os diría si supiera hacerlo vibrar con exaltación. Pensad en las cosas en sí.

Y también me acuerdo, cuando hojeo los periódicos, las novelas, las biografías, de que una mujer que habla a otras mujeres debe reservarse algo desagradable que decirles. Las mujeres son duras para con las mujeres. A las mujeres no les gustan las mujeres. Las mujeres... Pero ¿no estáis hasta la coronilla de esta palabra? Yo sí, os lo aseguro. Aceptemos, pues, que una conferencia pronunciada por una mujer ante mujeres debe terminar con algo particularmente desagradable.

Pero ¿cómo se hace? ¿Qué se me ocurre? A decir verdad, a menudo me gustan las mujeres. Me gusta su anticonvencionalismo. Me gusta su entereza. Me gusta su anonimidad. Me gusta... Pero no debo seguir así. Aquel armario de allí sólo contiene servilletas limpias, decís; pero ¿qué pasaría si Sir Archibald Bodkin estuviera escondido entre ellas? Dejadme, pues, adoptar un tono más severo. ¿Os he comunicado con bastante claridad, en las palabras que han precedido, las advertencias y la reprobación del sector masculino de la Humanidad? Os he dicho en qué concepto tan bajo os tenía Mr. Oscar Browning. Os he indicado qué pensó un día de vosotras Napoleón y qué piensa hoy Mussolini. Luego, por si acaso alguna de vosotras aspira a escribir novelas, he copiado para vuestro beneficio el consejo que os da el crítico de que reconozcáis valientemente las limitaciones de vuestro sexo. He hablado del profesor X y subrayado su afirmación de que las mujeres son intelectual, moral y físicamente inferiores a los hombres. Os he entregado cuanto ha venido a mis manos sin ir yo en busca de ello, y aquí tenéis una advertencia final, procedente de Mr. John Langdon Davies.[3] Mr. John Langdon Davies advierte a las mujeres que «cuando los niños dejen por completo de ser deseables, las mujeres dejarán del todo de ser necesarias». Espero que toméis buena nota.

¿Qué más os puedo decir que os incite a entregaros

3. *A Short History of Women*, por John Langdon Davies.

a la labor de vivir? Muchachas, podría deciros, y os ruego prestéis atención porque empieza la peroración, sois, en mi opinión, vergonzosamente ignorantes. Nunca habéis hecho ningún descubrimiento de importancia. Nunca habéis sacudido un imperio ni conducido un ejército a la batalla. Las obras de Shakespeare no las habéis escrito vosotras ni nunca habéis iniciado una raza de salvajes a las bendiciones de la civilización. ¿Qué excusa tenéis? Lo arregláis todo señalando las calles, las plazas y los bosques del globo donde pululan habitantes negros, blancos y color café, todos muy ocupados en traficar, negociar y amar, y diciendo que habéis tenido otro trabajo que hacer. Sin vosotras, decís, nadie hubiera navegado por estos mares y estas tierras fértiles serían un desierto. «Hemos traído al mundo, criado, lavado e instruido, quizás hasta los seis o siete años, a los mil seiscientos veintitrés millones de humanos que, según las estadísticas, existen actualmente y esto, aunque algunas de nosotras hayan contado con ayuda, toma tiempo.»

Hay algo de verdad en lo que decís, no lo negaré. Pero permitidme al mismo tiempo recordaros que desde el año 1866 han funcionado en Inglaterra como mínimo dos colegios universitarios de mujeres; que a partir del año 1880 la ley ha autorizado a las mujeres casadas a ser dueñas de sus propios bienes y que en el año 1919 —es decir, hace ya nueve largos años— se le concedió el voto a la mujer. Os recordaré también que pronto hará diez años que la mayoría de las profesiones os están permitidas. Si reflexionáis sobre estos inmensos privilegios y el tiempo que hace que venís disfrutando de ellos, y sobre el hecho de que deben de haber actualmente unas dos mil mujeres capaces de ganar quinientas libras al año, admitiréis que la excusa de que os han faltado las oportunidades, la preparación, el estímulo, el tiempo y el dinero necesarios no os sirve. Además, los economistas nos dicen que Mrs. Seton ha tenido demasiados niños. Debéis, naturalmente, seguir teniendo niños, pero dos o tres cada una, dicen, no diez o doce.

Así, pues, con un poco de tiempo en vuestras manos y unos cuantos conocimientos librescos en vuestros cerebros —de los otros ya tenéis bastantes y en parte os envían a la universidad, sospecho, para que no os eduquéis— sin duda entraréis en otra etapa de vuestra larga, laboriosa y oscurísima carrera. Mil plumas están preparadas para deciros lo que debéis hacer y qué efecto tendréis. Mi propia sugerencia es un tanto fantástica, lo admito; prefiero, pues, presentarla en forma de fantasía.

Os he dicho durante el transcurso de esta conferencia que Shakespeare tenía una hermana; pero no busquéis su nombre en la vida del poeta escrita por Sir Sydney Lee. Murió joven... y, ay, jamás escribió una palabra. Se halla enterrada en un lugar donde ahora paran los autobuses, frente al «Elephant and Castle». Ahora bien, yo creo que esta poetisa que jamás escribió una palabra y se halla enterrada en esta encrucijada vive todavía. Vive en vosotras y en mí, y en muchas otras mujeres que no están aquí esta noche porque están lavando los platos y poniendo a los niños en la cama. Pero vive; porque los grandes poetas no mueren; son presencias continuas; sólo necesitan la oportunidad de andar entre nosotros hechos carne. Esta oportunidad, creo yo, pronto tendréis el poder de ofrecérsela a esta poetisa.

Porque yo creo que si vivimos aproximadamente otro siglo —me refiero a la vida común, que es la vida verdadera, no a las pequeñas vidas separadas que vivimos como individuos— y si cada una de nosotras tiene quinientas libras al año y una habitación propia; si nos hemos acostumbrado a la libertad y tenemos el valor de escribir exactamente lo que pensamos; si nos evadimos un poco de la sala de estar común y vemos a los seres humanos no siempre desde el punto de vista de su relación entre ellos, sino de su relación con la realidad; si además vemos el cielo, y los árboles, o lo que sea, en sí mismos; si tratamos de ver más allá del coco de Milton, porque ningún humano debería limitar su visión; si nos enfrentamos con el hecho, porque es un hecho, de que no tenemos ningún brazo al que aferrarnos, sino que estamos solas, y de que estamos relacionadas con el mundo de la realidad y no sólo con el mundo de los hombres y las mujeres, entonces, llegará la oportunidad y la poetisa muerta que fue la hermana de Shakespeare recobrará el cuerpo del que tan a menudo se ha despojado. Extrayendo su vida de las vidas de las desconocidas que fueron sus antepasadas, como su hermano hizo antes que ella, nacerá. En cuanto a que venga si nosotras no nos preparamos, no nos esforzamos, si no estamos decididas a que, cuando haya vuelto a nacer, pueda vivir y escribir su poesía, esto no lo podemos esperar, porque es imposible. Pero yo sostengo que vendrá si trabajamos por ella, y que hacer este trabajo, aun en la pobreza y la oscuridad, merece la pena.

ÍNDICE

- **9** Capítulo 1
- **37** Capítulo 2
- **59** Capítulo 3
- **81** Capítulo 4
- **109** Capítulo 5
- **129** Capítulo 6

AUSTRAL SINGULAR es una colección de Austral que reúne las obras más emblemáticas de la literatura universal en una edición única que conserva la introducción original y presenta un diseño exclusivo.

Otros títulos de la colección:

Orgullo y prejuicio
Jane Austen

Las flores del mal
Charles Baudelaire

Don Quijote de la Mancha
Miguel de Cervantes

Romancero gitano
Federico García Lorca

La metamorfosis y otros relatos de animales
Franz Kafka

Moby Dick
Herman Melville

Romeo y Julieta
William Shakespeare